PORTE DE CLIGNANCOURT
PORTE DE LA CHAPELLE
PORTE DE LA VILLETTE
Sacré-Cœur
Bd. Barbès
La Villette
PORTE DE PANTIN
Av. Jean Jaurès
Rue Manin
Gare du Nord
Bd. de Magenta
Gare de l' Est
Canal St-Martin
Parc des Buttes-Chaumont
Bd. de la Villette
Bd. Montmartre
Bd. de Strasbourg
Bd. St-Martin
Place de la République
Bd. de Belleville
Av. de la République
Bd. de Sébastopol
Centre Pompidou
Bd. Beaumarchais
Bd. Richard Lenoir
Bd. de Ménilmontant
Cimetière du Père Lachaise
Rue de Rivoli
Bd. Voltaire
Ile de la Cité
MARAIS
Place de la Bastille
Av. Philippe Auguste
Notre-Dame
Ile St-Louis
Bd. Henri IV
Bd. de la Bastille
Place de la Nation
PORTE DE VINCENNES
Bd. Saint-Michel
Rue Saint-Jacques
Pont de Sully
Opéra Bastille
Bd. St-Germain
Quai St-Bernard
Bd. Diderot
Panthéon
Gare de Lyon
QUARTIER LATIN
Jardin des Plantes
Rue Claude Bernard
Gare d' Austerlitz
Bd. de Port Royal
Av. des Gobelins
Bd. de l'Hôpital
Palais Omnisports
Bd. Vincent Auriol
Parc de Bercy
Bois de Vincennes
Place d' Italie
Passerelle Simone de Beauvoir
Av. d'Italie
Bibliothèque Nationale de France (F. Mitterrand)
PORTE D' ITALIE

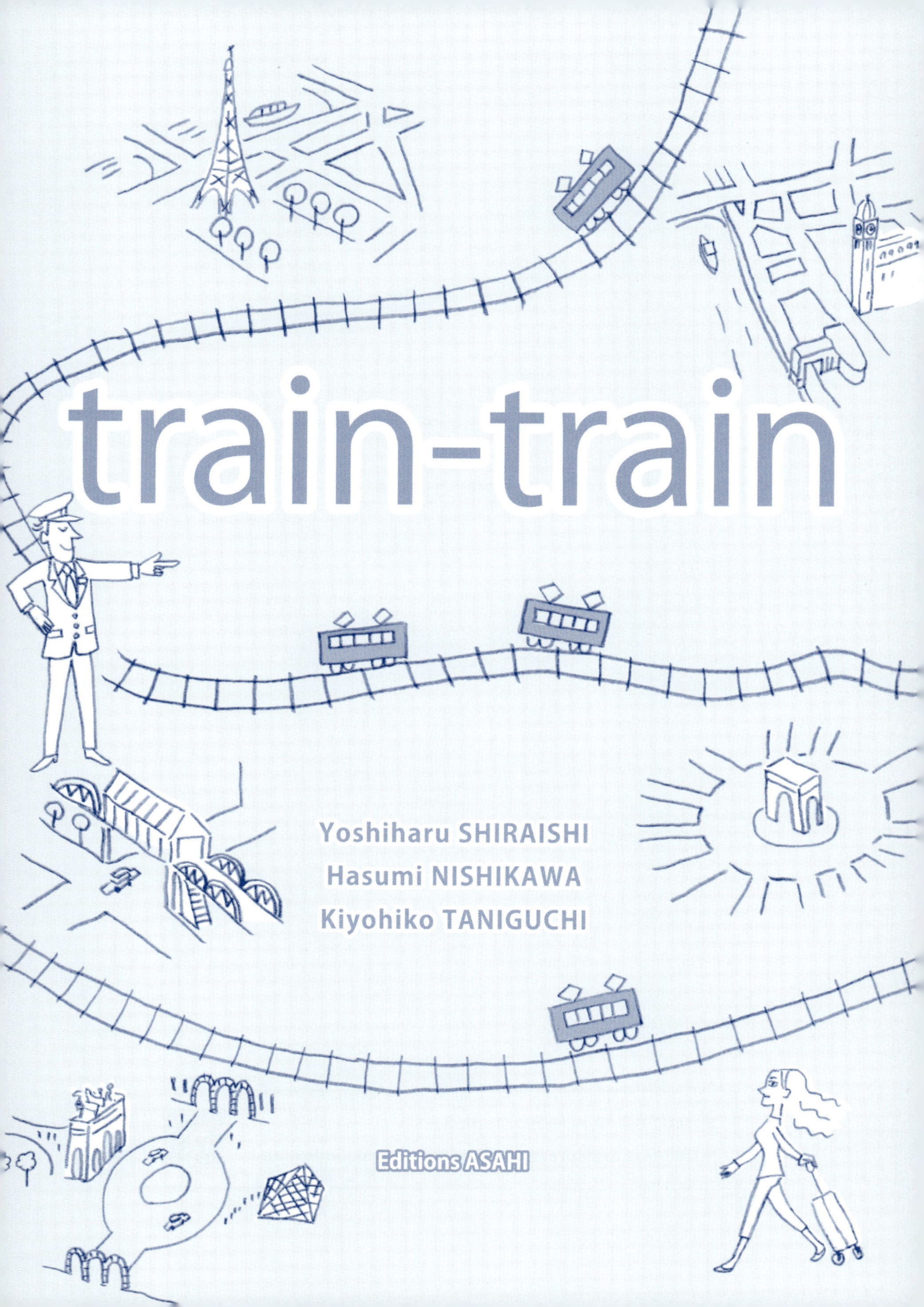

train-train

Yoshiharu SHIRAISHI
Hasumi NISHIKAWA
Kiyohiko TANIGUCHI

Editions ASAHI

音声はこちら（ストリーミング・mp3 形式）

https://text.asahipress.com/free/french/train/index.html

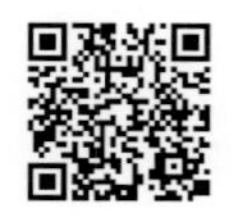

はじめに

フランス語ができれば、かっこいい！　はじまりはそれで十分です。ギターを手にとってみるのとかわりません。よけいな理屈をこねないことです。プロなみに上達するひともいるでしょう。趣味にとどまるひともいるでしょう。でも、旅先でフランス語を話すだけでも、ちょっとかっこいい。読みかけのフランス語の小説がカバンにはいっていれば、もうそれだけで自信をもって生きていけるかもしれない。著者一同はそうしたことの助けになればと願って、この初級文法の教科書を編みました。

この教科書には、ふたつの特徴があります。

1）学習のロジックに即した構成

おおくの文法の教科書は、冠詞と名詞からはじまります。でも、日本語には冠詞がないので、さいしょに負荷がかかりすぎることがあります。この教科書では、一般的な言語の獲得のプロセスを加味しつつ、副詞や前置詞、あるいは代名詞の強勢形に先になれてもらうようにしました。だから第1部は、日本語を母語とする学習者がなだらかに離陸するイメージです。そのうえで、動詞の活用をていねいにあつかい（第2部）、時制と法の基本的な理解がふかまるようにしました（第3部）。

2）やさしい問題の反復

解説の例文を確認する問題からはじまり、やさしい問題をたくさん解くようにしてあります。問題をどんどんこなして、さいごまで到達することがなによりも大切だとかんがえたからです。教室で、あるいは復習として、練習問題をくりかえしてみてください。こうした訓練だけで、初級文法のエッセンスが最小限の負荷で身につくはずです。

「トラントラン」（train-train）とは「平凡な日常のくりかえし」という意味です。フランス語学習もそういうものだと思います。あまりストレスはないけれど、ちょっとした退屈や孤独を味わうこともあるでしょう。そうした「トラントラン」のいとなみをつうじて、皆様の眼前にすこしずつ新しい光景がひらけてくることを信じています。

著者一同

Table des matières

第 3 部　もっといろんなことを表現してみよう！

Quoi ? 発音とつづり

ことばは子音（consonne）と母音（voyelle）のくみあわせからできています。発音するときは音節を意識しましょう。

1 子音 ♪ 2

フランス語の子音は以下のような子音字であらわします。子音だけを発音するときは、息をおおめにはきましょう。

くちびるをつかう：m p b f v

舌を上の歯のうらにおしあてる：n t d l

舌を下の歯のうらにおしあてる：s z r

上あごと舌のすきまをつかう：ch [ʃ] j [ʒ]

のどのおくをつかう：gn [ɲ] k (qu)* g (r)**

* フランス語は que で k の音をあらわし、k はおもに外来語でもちいられます。

** r は舌を下の歯のうらにおしあてているので、のどのおくで音をだすことになります。

2 発音しない子音字

フランス語は以下のような子音字は発音しません。

h

単語のさいご *

* ただし c、r、f、l は、単語のさいごでも発音することがあります。

3 母音 ♪ 3

フランス語の母音字は、a、e、i (y)、o、u ですが、それらをつかって原則として以下のように 15 の母音をあらわします *。

口角をあげて、下の歯のうらに舌の先をおしあてる

せまい：i (y) [i]　é [e]

ひろい：è (ê, ai, ei) [ɛ]　a [a]　in(yn, un) [ɛ̃]

唇をつきだして、下の歯のうらに舌の先をおしあてる

せまい：u [y]　eu [ø]

ひろい：eu [œ]**

唇をつきだして、のどのおくから音をだす

せまい：ou [u]　au(ô) [o]　on [ɔ̃]

ひろい：o [ɔ]　a(â) [ɑ]　an(en) [ɑ̃]

口角もあげず、唇もつきださない：e [ə]

4 e の発音 ♪ 4

鼻母音の en や複合母音の eu 以外のとき、e の発音はつぎのようになります。

1）単語のさいごの e ＝ 発音しない：Madame（既婚女性の敬称）

2）単語のさいごが e ＋ 子音字でおわる = [e] / [ɛ]：et（そして）

3）e ＋ 子音字 ＋ 母音字 ＝ [ə]：petit（ちいさい）

4）e ＋ 子音字 ＋ 子音字 = [e] / [ɛ]：merci（ありがとう）

5）é = [e] / è, ê, ë = [ɛ]：café（コーヒー）

5 半母音／半子音 ♪ 5

せまく発音する母音字（i, u, ou）のあとに母音がくると、前者のせまい母音が子音のようになります。そうした i や u や ou の発音を「半母音（semi-voyelle）」ないし「半子音（semi-consonne）」といいます。

1） [i] → [j]：mieux [mjø]（よりよい）

2） [y] → [ɥ]：nuit [nɥi]（夜）

3） [u] → [w]：oui [wi]（はい）

* 英語のような二重母音はなく、母音字がつづくとまとめて発音します。日本語のような長母音もありませんが、単語のさいごの母音はすこし長めにしっかりと発音します。また母音にはつぎのようなつづり字記号（signe orthographique）がつくことがあります。

①アクサン・テギュ（accent aigu）: é

②アクサン・グラーヴ（accent grave）: è à ù

③アクサン・シルコンフレックス（accent circonflexe）: â ê î ô û

④トレマ（tréma）: ë ü ï

** eur のような閉音節で、ひろい eu になります。

6 ill の発音 ♪ 6

ill はつぎのように発音します。*

1） 母音字 + ill / il [j]：travailler（はたらく）travail（しごと）

2） 子音字 + ill [ij]：famille（家族）

3） 子音字 + il [il]：avril（4月）

4） il [il]（彼は） ils [il]（彼らは）

* mille（1000）、ville（都市）、tranquille（しずかな）とその派生語の ill の部分は例外的に [il] と発音します。

7 そのほかの注意すべき発音とつづり ♪ 7

1） en は i と é のあとでは in とおなじように [ɛ̃] と発音します。*
ien [jɛ̃]：bien（よく） éen [eɛ̃]：coréen（韓国人）

* an [ɑ̃] の発音は i や é のあとでかわりません。
étudiant [etydjɑ̃]（学生）

2） ain や ein は、a / e を無視して in [ɛ̃] だけを発音します。
train（列車）

3） 鼻母音（in, un, on, an, en）のあとに母音や n がくると、鼻母音ではなくなります。
parisien [parizjɛ̃]（パリのひと・男） parisienne [parizjɛn]（パリのひと・女）

4） 鼻母音のあとに p や b がくると、鼻母音の発音はかわりませんが、n のつづりが m になります。impossible [ɛ̃posibl]（不可能な）

5） oi [wa]：moi（わたし） oin [wɛ̃]：loin（とおい）

6） c はつぎにくる母音字によって発音がつぎのようにかわります。
① c [k] + a / o / u ② c [s] + e / i (y) ③ ç [s] + a / o / u*

* c の下についている「¸」（セディーユ cédille）は c を s の音で読ませるつづり字記号です。

7） g も c とおなじように発音がかわります。
① g [g] + a / o / u ② g [ʒ] + e / i (y) ③ ge [ʒ] + a / o / u

8） 母音字 + s [z] + 母音字：poison（毒）
母音字 + ss [s] + 母音字：poisson（魚）

exercices

① フランス語のアルファベ（alphabet）を練習しましょう。 ♪ 8
自分の名前のつづりをいってみましょう。

A [ɑ]	B [be]	C [se]	D [de]	E [ə]	F [ɛf]	G [ʒe]	H [aʃ]	I [i]
J [ʒi]	K [ka]	L [ɛl]	M [ɛm]	N [ɛn]	O [o]	P [pe]	Q [ky]	R [ɛr]
S [ɛs]	T [te]	U [y]	V [ve]	W [dubləve]		X [iks]	Y [igrɛk]	Z [zed]

時間があったら、となりの人のいうアルファベを聞いて書いてみましょう。

② 基本的な単語を発音しながらおぼえましょう。 ♪ 9

1. ça それ　là そこ　ici ここ
2. oui はい　non いいえ　mais しかし
3. moi わたし　toi きみ　lui 彼　elle 彼女
   nous わたしたち　vous あなたたち / あなた　eux 彼ら　elles 彼女ら
4. qui だれ　quoi なに　quand いつ　où どこ
   combien どれくらい　comment どのように
5. bien よく　mal わるく　toujours いつも　souvent しょっちゅう
   parfois たまに　jamais けっしてない　très とても　pas ない

③ 1 から 10 までフランス語でかぞえてみましょう。 ♪ 10

1 = un　2 = deux　3 = trois　4 = quatre　5 = cinq [sɛ̃k]
6 = six [sis]　7 = sept [sɛt]　8 = huit [ɥit]　9 = neuf [nœf]　10 = dix [dis]

④ かんたんなあいさつをおぼえましょう。 ♪ 11

1. Bonjour ! Bonsoir ! Bonne nuit !
2. Ça va ? — Oui, ça va. Et toi ?
3. Merci ! Au revoir !

Avec moi ! 強勢形と前置詞

1 代名詞の強勢形 ♪ 12

単独でつかうほかに、前置詞・副詞・接続詞といっしょにつかったり、c'est* のあとや主語の強調につかいます。

moi	toi	lui	elle
nous	vous	eux	elles

Avec moi !

Moi aussi.

Et toi ?

C'est moi.

Moi, je suis** pour toi.

* ce + est (être) → c'est ~ これは / それは～です ce が c'となることをエリジヨン（élision 母音字省略）といいます。特定の単語（ce, je, me, te, se, le, la, que, de, ne）のあとに母音がくるとかならずエリジヨンします。

** je suis (être)~ 私は～です

2 前置詞 ♪ 13

名詞や代名詞の強勢形のまえにつけてつかいます。

à ⟷ de * avec** ⟷ sans ***

pour ⟷ contre avant ⟷ après

chez

comme

De Tokyo à Paris.

Sans toi.

Comme ça.

* 母音がくるとエリジヨンがおきます。
d'elle d'eux
d'elles

** 母音がくるとアンシェヌマン（enchaînement）がおきます。アンシェヌマンとは、発音する語末の子音をつぎの語頭の母音とつなげて発音することです。
avec elle
avec eux
avec elles

*** 語末の s は発音しませんが、つぎの語頭に母音がくると [z] と発音します。こうした現象をリエゾン（liaison）といいます。
sans elle
sans eux
sans elles

exercices

1 例文の **ça** をいろいろな代名詞の強勢形にかえていってみましょう。　♪ 14

1. Avec ça. / Sans ça. / Comme ça.
2. Ça aussi. / Ça non plus.
3. C'est ça.
4. Et ça.

2 (　) のなかにいろいろな強勢形をいれましょう。

1. Moi, je suis avec (　　　　　　).
2. Toi, tu es pour (　　　　　　).
3. Moi, je suis chez (　　　　　　).
4. Toi, tu es comme (　　　　　　).
5. C'est à (　　　　　　).

aussi の否定形
もまた～でない

tu es (être) ~
あなたは～です

c'est à ~
それは～のものです

C'est comme ça ? 疑問と否定

1 疑問 ♪ 15

肯定か否定をたずねる疑問文は３とおりのつくりかたがあります。

① 文末をあげて発音する。

② 主語の代名詞と動詞を倒置してトレ·デュニオン（trait d'union　ハイフン）でつなぐ。

③ est-ce que を主語と動詞のまえにつけて、②のような倒置をさける。

①と③はおもに話しことばにもちいられ、②は話しことばでも書きことばでももちいられます。

① C'est comme ça ?
② Est-ce comme ça ?
③ Est-ce que c'est comme ça ?

① Tu es comme ça ?
② Es-tu comme ça ?
③ Est-ce que tu es comme ça ?

2 否定 ♪ 16

toujours, souvent, parfois などの副詞は動詞のうしろにつけます。否定文をつくるときも、pas（ない）という副詞を動詞のあとにつけます。そのさいに動詞の前に ne をそえて ne ＋動詞＋ pas というかたちにします。

1） 動詞 ＋ 副詞

C'est	toujours	comme ça.
Je suis	souvent	
Tu es	parfois	

2） ne* ＋ 動詞 ＋ pas

Ce n'est *	pas	comme ça.
Je ne suis		
Tu n'es**		

* ne + est → n'est

** ne + es → n'es

exercices

1 例にならって、oui / non でこたえましょう。

例）C'est comme ça ?
　— Oui, c'est comme ça. / Non, ce n'est pas comme ça.

1. C'est chez lui ?
2. C'est pour elle ?
3. C'est sans eux ?
4. C'est avec moi ?
5. C'est à toi ?

2 例にならって、oui / non でこたえましょう。

例）Tu es comme ça ?
　— Oui, je suis comme ça. / Non, je ne suis pas comme ça.

1. Tu es avec nous ?
2. Tu es pour eux ?
3. Tu es chez elles ?

3 例にならって、est-ce que をつけた疑問文をつくり、となりのひととやりとりをしましょう。

例）Tu es comme ça ?
　→ Est-ce que tu es comme ça ?
　— Oui, je suis comme ça. / Non, je ne suis pas comme ça.

1. Tu es avec nous ?
2. Tu es pour eux ?
3. Tu es chez elles ?
4. C'est pour elle ?
5. C'est à toi ?

Où ça ? 疑問詞 où

1 疑問詞 où ♪ 17

場所をたずねるときには où をもちいます。

Où ça ? — À Paris.

D'où* ça ? — De Paris.

* de + où → d'où
どこから

2 où の疑問文 ♪ 18

où をもちいた疑問文は３つのつくりかたがあります。

① où や d'où を文のさいごにつける。

② où や d'où を文のはじめにおいて、代名詞と動詞を倒置してトレ・デュニオン（ハイフン）でつなぐ。

③ où や d'où を文のはじめにおいて、est-ce que をつかって②のような倒置をさける。

①と③がおもに話しことばにもちいられ、②は話しことばでも書きことばでももちいられます。

① Tu es où ? — Moi, je suis à Paris.
② Où es-tu ?
③ Où est-ce que tu es ?

① Tu vas* où ? — Moi, je vais à Paris.
② Où vas-tu ?
③ Où est-ce que tu vas ?

① Tu viens* d'où ? — Moi, je viens de Paris.
② D'où viens-tu ?
③ D'où est-ce que tu viens ?

* aller いく
je vais
tu vas

* venir くる
je viens
tu viens

exercices

1 例にならって、注を参考にしながら **oui** / **non** でこたえましょう。*

例）Tu es à Paris ?
　— Oui, je suis à Paris. / Non, je ne suis pas à Paris.

1. Tu es à Londres ?

2. Tu vas à Rome ?

3. Tu viens de Moscou ?

* Oui, je suis à ~
/ je vais à ~
/ je viens de ~

Non, je ne suis pas à ~
/ je ne vais pas à ~
/ je ne viens pas de ~

2 例にならって、**où** や **d'où** からはじまる２とおりの疑問文をいってみましょう。

例）Tu es où ?
　→ Où es-tu ? / Où est-ce que tu es ?

1. Tu vas où ?

2. Tu viens d'où ?

3 （　）のなかに、**à** か **de** を適切にいれて、となりのひととやりとりをしましょう。

1. Tu vas où ? — Je vais (　　　　) Paris.

2. Tu viens d'où ? — Je viens (　　　　) Paris.

3. Où est-ce que tu vas ? — Je vais (　　　　) Londres.

4. D'où est-ce que tu viens ? — Je viens (　　　　) Londres.

5. Où vas-tu ? — Je vais (　　　　) Kyoto.

6. D'où viens-tu ? — Je viens (　　　　) Kyoto.

Ça, c'est facile ! être と形容詞

1 être ♪ 19

動詞 être にはつぎのふたつの意味があります。

① 存在（ある、いる）をあらわす。例）Je suis à Paris.

② 主語を形容詞や名詞にむすびつける。例）Je suis parisien.

強勢形（moi, toi, lui, elle, nous, vous, eux, elles）は、動詞とくみあわせると主語人称代名詞 (je, tu*, il, elle, nous, vous**, ils, elles) になります。être は主語人称代名詞にあわせてつぎのように変化します。この変化を活用といいます。

être

je	suis	nous	sommes*
tu	es	vous	êtes
il	est	ils	sont
elle	est	elles	sont

ne pas être**

je	ne suis	pas	nous	ne sommes pas
tu	n'es	pas	vous	n'êtes pas
il	n'est	pas	ils	ne sont pas
elle	n'est	pas	elles	ne sont pas

* tu は家族や友人のような親しい関係のときにもちいられます。
** vous は二人称複数のほかに、二人称単数のていねいな言い方としてもちいられます。

* on est で代用できます。

** 動詞の原形（infinitif 不定詞）の否定は、ne pas をまとめて動詞の前につけます。

2 形容詞の性数の一致 ♪ 20

形容詞は修飾する名詞の性（男性／女性）と数（単数／複数）によって語尾が変化します。この変化を性数の一致といいます。原則として、男性複数に s、女性単数に e、女性複数に es をつけます。いずれもそれじたいは発音しませんが、e や es をつけると、その直前の子音を発音するようになります。

Il est petit. Elle est petite. C'est petit.*
Ils sont petits. Elles sont petites.

① 男性形の語末が子音のばあいは女性形で発音がかわる **

petit(s) — petite(s) grand(s) — grande(s)
amusant(s) — amusante(s) intelligent(s) — intelligente(s)

② 男性形の語末が e のばあいは男性形と女性形がおなじ ***

facile(s) difficile(s) jeune(s) sympathique(s) triste(s)

③ 特殊な変化をする形容詞

cher(s) — chère(s) bon(s) — bonne(s) parisien(s) — parisienne(s)
gentil(s) — gentille(s) beau(x) — belle(s)
nouveau(x) — nouvelle(s) vieux — vieille(s)*

➡ 右ページ参照

* c'est のあとの形容詞はいつも男性単数です。
** 男性単数形が s でおわると男性複数形もおなじになります。
anglais – anglaise(s)
chinois – chinoise(s)
français – française(s)
japonais – japonaise(s)

*** e 以外の母音のばあいは、男性形と女性形で発音はおなじですが、つづりはことなります。
joli(s) — jolie(s)
âgé(s) — âgée(s)

exercices

1 (　) 内にこの課でならった形容詞を適切な形にしていれて、形容詞の練習をしましょう。

1. Ça, c'est très (　　　　　　　　　　) pour toi.
2. Ça, ce n'est pas très (　　　　　　　　　　) pour moi.
3. Luc, il est (　　　　　　　　　　).
4. Zoé, elle est (　　　　　　　　　　).
5. Luc et François, ils sont (　　　　　　　　　　).
6. Zoé et Béatrice, elles sont (　　　　　　　　　　).
7. Luc et Zoé, ils sont (　　　　　　　　　　).

* beau、nouveau、vieux は、母音ではじまる男性単数名詞（Leçon 5 参照）のまえではそれぞれ bel、nouvel、vieil になります。これを男性第２形といいます。

2 形容詞 content（満足している）の適切なかたちをえらびましょう。

1. Luc, tu es (content / contente) ? — Oui, je suis (content / contente).
2. Zoé, tu es (content / contente) ?
   — Non, je ne suis pas (content / contente).
3. Luc et Vincent, vous êtes (content / contents) ?
   — Oui, nous sommes (content / contents).
4. Béatrice et Nathalie, vous êtes (contente / contentes) ?
   — Non, nous ne sommes pas (contente / contentes).
5. Vincent, vous êtes (content / contents) ?
   — Oui, je suis (content / contents).

3 être を適切なかたちに活用させて (　) 内にいれましょう。

1. Je (　　　) japonais.
2. Je ne (　　　) pas japonaise.
3. Tu (　　　) intelligente.
4. Tu n'(　　　) pas intelligent.
5. Il (　　　) gentil.
6. Vous n'(　　　) pas parisiennes.
7. Ils (　　　) beaux.
8. Elles ne (　　　) pas belles.

Mon frère est sérieux. 名詞の指示と所有

1 名詞 ♪ 21

フランス語の名詞（nom）は生物だけでなく、あらゆるものが男性（masculin）と女性（féminin）にわかれます。原則として複数は語末に s をつけますが、発音しません。

男性名詞 père 父親　frère 兄弟　ami 友人（男）　sac かばん
stylo ペン　crayon 鉛筆　vélo 自転車
ordinateur コンピュータ　hôtel ホテル　etc.

女性名詞 mère 母親　sœur 姉妹　amie 友人（女）
gomme 消しゴム　montre 腕時計　moto オートバイ
voiture 車　adresse 住所　maison 家　etc.

2 指示形容詞 ♪ 22

名詞のまえにつけて、「この・その・あの」という意味をあらわします。男性名詞には男性形、女性名詞には女性形をつかいます。複数形は男女がおなじかたちです。

ce (cet*) ＋ 男性単数名詞 cette ＋ 女性単数名詞	ces ＋ 男女複数名詞

ce stylo — ces stylos　　cette gomme — ces gommes

* 男性第 2 形。母音字や無音の h ではじまる男性単数名詞のまえにつけます。
cet ordinateur – ces ordinateurs
cet hôtel – ces hôtels

3 所有形容詞

名詞のまえにつけて、その名詞が誰のものかをしめします。複数形は男女同形です。

mon ＋ 男性単数名詞 ma (mon*) ＋ 女性単数名詞	mes ＋ 男女複数名詞

mon crayon — mes crayons　　ma montre — mes montres

ton ＋ 男性単数名詞 ta (ton) ＋ 女性単数名詞	tes ＋ 男女複数名詞

son ＋ 男性単数名詞 sa (son) ＋ 女性単数名詞	tes ＋ 男女複数名詞

ton frère — tes frères　　ta sœur — tes sœurs
son frère — ses frères　　sa sœur — ses sœurs

notre	votre	leur	＋ 男女単数名詞
nos	vos	leurs	＋ 男女複数名詞

notre vélo — nos vélos
votre moto — vos motos
leur voiture — leurs voitures

* 母音字や無音の h ではじまる女性単数名詞のまえでは、ma が mon になります。ta や sa についてもおなじように ton や son になります。
mon ami / mon amie

exercices

1 例文の sac をほかの名詞にかえてやりとりの練習をしましょう。
複数形の練習もしましょう。

例）Ce sac, c'est à toi ?
— Oui, c'est à moi.
C'est mon sac.
— Non, ce n'est pas à moi.
Ce n'est pas mon sac.
C'est son sac.

sac → stylo, gomme, ordinateur, etc.*

2 （　）内の適切な所有形容詞をえらびましょう。

1. (Mon / Ma) frère est sérieux.
2. (Mon / Ma) sœur est sérieuse.
3. (Mon / Mes) parents sont âgés.
4. Ce sac, c'est à Pierre ? — Oui, c'est (son / sa) sac.
5. Ce sac, c'est à Nathalie ? — Oui, c'est (son / sa) sac.
6. Cette gomme, c'est à Pierre ? — Oui, c'est (son / sa) gomme.

3 （　）内の適切な所有形容詞をえらびましょう。

1. C'est (notre / nos) vélo.
2. Ce sont (notre / nos) vélos.
3. C'est (votre / vos) voiture ?
4. Ce sont (votre / vos) voitures ?
5. C'est (leur / leurs) maison.
6. Ce sont (leur / leurs) livres.

*
cahier 男 ノート
dictionnaire 男 辞書
téléphone 男 電話
livre 男 本
trousse 女 ペンケース
lettre 女 手紙
photo 女 写真
enveloppe 女 封筒

Leçon 6

J'aime les chats. 定冠詞と aimer

1 定冠詞 ♪ 23

名詞には原則として冠詞（article）がつきます。選択の余地のない名詞にはつぎのような定冠詞（article défini）をつけます。

le	男性名詞単数	les	男性・女性名詞複数
la	女性名詞単数		

le stylo — les stylos
la gomme — les gommes

男性名詞単数も女性名詞単数も母音ではじまると、le、la がエリジョンして l' になり、複数では les がリエゾンして s を [z] と発音します。

l'ordinateur — les ordinateurs
l'école — les écoles

2 定冠詞の縮約

前置詞 à / de のあとに定冠詞 le / les がくるとつぎのようにかたちがかわります。これを縮約（contraction）といいます。*

à + le → au	au restaurant	de + le → du	du restaurant
à + les → aux	aux toilettes	de + les → des	des toilettes

Tu vas au restaurant ?
— Oui, je vais au restaurant.

Tu viens de la gare ?
— Oui, je viens de la gare.*

* la と l' には縮約はおきません。
à la gare
à l'école
de la gare
de l'école

3 aimer ♪ 24

フランス語の動詞の多くは、aimer（愛する）のように不定詞（原形）の語尾が er でおわります。* 動詞は語尾が主語によって活用（変化）します。変化しない部分を語幹といいます。

je (j')	— e	nous	— ons [ɔ̃]
tu	— es	vous	— ez [e]
il / elle	— e		
ils / elles	— ent		

読まない（ミュート）

aim **er**
語幹 語尾

j'aime	nous aimons
tu aimes	vous aimez
il / elle aime	
ils / elles aiment	

aimer のあとの名詞には、定冠詞をつけます。可算名詞は複数形（les）、不可算名詞には単数形（le / la / l'）です。**

J'aime les chats.
Je n'aime pas le café.

* chanter（うたう）、danser（おどる）、parler（話す）、travailler（働く）など。「er 動詞」とよばれています。aimer 以外の er 動詞は leçon 9 で練習します。

** 可算名詞とは、sac や chat など、ふたつにわけることができないものです。不可算名詞は chocolat や eau（水）のように、わけても性質がかわらないものです。cinéma や musique のように非物質的なジャンルをあらわす名詞も不可算です。

exercices

1 下の名詞をもちいて、例にならってやりとりの練習をしましょう。

例）Vous aimez beaucoup le chocolat ?*
— Oui, j'aime ça.
— Non, je n'aime pas ça.

1. 不可算

le café	le thé
la viande	le poisson
le cinéma	la musique
le football	le tennis

2. 可算

les légumes	les fruits
les tomates	les oranges
les frites	les gâteaux
les chats	les chiens

2 適切な活用をえらびましょう。

1. Je aime / J'aime le chocolat.
2. Tu aime / Tu aimes les chiens.
3. Il aime / Il aiment la peinture.
4. Nous aimez / Nous aimons le football.
5. Vous aimez / Vous aimons la musique.
6. Elles aime / Elles aiment les chats.

3 例にならって、語群の表現をつかってやりとりをしましょう。

1. 例）Tu vas au restaurant ?
— Oui, je vais au restaurant.
— Non, je ne vais pas au restaurant.

語群）

à l'université	à la gare	au cinéma
au musée	à la banque	aux toilettes

2. 例）Tu viens du restaurant ?
— Oui, je viens du restaurant.
— Non, je ne viens pas du restaurant.

語群）

de l'université	de la gare	du cinéma
du musée	de la banque	des toilettes

* beaucoup（とても）, bien（かなり）, un peu（すこし）などの副詞は aimer のすぐあとにつけます。

時間があったら次の名詞でも練習しましょう。
le chocolat
le vin
la bière
la peinture
la mer
la montagne
la natation

Elle a du courage. avoir と不定冠詞・部分冠詞

1 不定冠詞・部分冠詞 ♪ 25

選択の余地のない名詞には定冠詞（le, la, l', les）をつけますが、ある名詞の全体から一部を選択したときには、可算名詞には不定冠詞（article indéfini : un, une, des)、不可算名詞には部分冠詞（article partitif : du, de la, de l'）をつけます。

1） 不定冠詞 ＋ 可算名詞

un ＋ 男性単数名詞 une ＋ 女性単数名詞	des ＋ 男女複数名詞

un sac — des sacs*　une gomme — des gommes

2） 部分冠詞 ＋ 不可算名詞

du ＋ 男性単数名詞 de la ＋ 女性単数名詞	de l' ＋ 母音や無音の h ではじまる男女単数名詞

du chocolat**　de l'argent　de la musique　de l'eau

* les sacs（すべてのかばん）からひとつをとりだしたのが un sac、いくつかをとりだしたのが des sacs です。

** le chocolat（すべてのチョコレート）のいくらかをとりだしたのが du chocolat です。

2 avoir ♪ 26

avoir は所有をあらわす不規則に活用する動詞です。
avoir をつかった表現 il y a（～がある）もおぼえましょう。

avoir

j'ai*		nous**	avons		un sac
tu	as	vous	avez	＋	des gommes
il	a [ila]	ils	ont		de l'argent
elle	a [ɛla]	elles	ont		de l'eau
Il y	a [ilja]				

* je＋ai → j'ai（エリジョン）

** 複数の代名詞の語末の s はリエゾンして [z] と発音します。

3 pas ＋ ゼロ冠詞 de（d'）

avoir の直接目的語の不定冠詞や部分冠詞は、否定の副詞 pas がくると de（d'）にかわります。この de（d'）は「ない」ことをあらわすゼロ冠詞とよばれています。*

ne pas avoir

je	n'ai	pas	nous	n'avons	pas		
tu	n'as	pas	vous	n'avez	pas		de sac
il	n'a	pas	ils	n'ont	pas	＋	de gommes
elle	n'a	pas	elles	n'ont	pas		d'argent**
il	n'y a pas						d'eau

* 定冠詞（le, la, l', les）はゼロ冠詞 de にかわりません。
Je n'ai pas le sac.
また être をつかった表現では、不定冠詞や部分冠詞はゼロ冠詞 de にかえずにそのままつかいます。
Ce n'est pas un sac.

** エリジィヨンに注意しましょう。
Je n'ai pas d'amis.

exercices

1 適切な表現をえらびましょう。

1. J'ai une voiture / de voiture.
2. Je n'ai pas de voiture / des voitures.
3. Il y a un sac / de sac.
4. Il n'y a pas de sac / des sacs.
5. C'est un sac / de sac.
6. Ce n'est pas un sac / de sac.
7. Vous avez de l'argent / d'argent.
8. Vous n'avez pas de l'argent / d'argent.
9. Il y a de l'eau / d'eau.
10. Il n'y a pas de l'eau / d'eau.
11. Elle a des crayons / de crayons.
12. Elle n'a pas des crayons / de crayons.
13. Ce sont des crayons / de crayons.
14. Ce ne sont pas des crayons / de crayons.

2 例にならって、語群の単語をつかってやりとりをしましょう。

例）Il y a du vin ?
— Oui, il y a du vin.
— Non, il n'y a pas de vin.

du vin → de la bière, du fromage,
du pain, de la salade,
du beurre, de la confiture ...

3 適切な表現をえらびましょう。

1. Il y a des oranges / d'oranges.
2. Il n'y a pas des oranges / d'oranges.
3. J'aime des oranges / les oranges.
4. Je n'aime pas des oranges / les oranges.
5. Il y a un beurre / du beurre.
6. Il n'y a pas du beurre / de beurre.
7. Elles aiment la confiture / de la confiture.
8. Ils ont de la chance / de chance.
9. Ils n'ont pas de la chance / de chance.
10. Du coca ? Non, une eau / de l'eau, s'Il vous plait !

Leçon 8 Tu chantes avec moi. er 動詞（1）

1 自動詞と他動詞　♪ 27

動詞は自動詞（verbe intransitif）と他動詞（verbe transitif）にわかれます。自動詞は前置詞といっしょにもちいられることがおおいです。他動詞は前置詞なしに冠詞類をともなった名詞をしたがえます。こうした他動詞のあとにくる名詞を直接目的補語といいます。

1）自動詞 ＋ 前置詞

— Je suis dans un restaurant.
— Vous venez de Paris.

2）他動詞 ＋ 冠詞（指示形容詞／所有形容詞／数詞）＋ 名詞 *

— J'aime les chats.
— Vous avez de la chance.

2 語幹 ＋ er [e]

er 動詞はつぎのように活用します。語幹はかわりません。このように語尾だけが変化し、語幹がかわらない動詞を規則動詞といいます。

je (j')	— e	nous	— ons [ɔ̃]
tu	— es	vous	— ez [e]
il / elle / on	— e		
ils / elles	— ent		
	発音しない		

1）自動詞の er 動詞　♪ 28

chanter	歌う	téléphoner	電話する
danser	おどる	entrer**	入る
habiter*	住む	rentrer	帰る
travailler	働く	rester	とどまる
parler	話す	passer	通る

— Je chante avec toi.

2）他動詞の er 動詞　♪ 29

regarder	みる	voler	盗む
montrer	みせる	aimer	愛する
chercher	さがす	écouter	きく
trouver	みつける	excuser	ゆるす
donner	あたえる	expliquer	説明する

— Je regarde la télévision.

動詞の語幹と語尾
動詞の不定法（原形）の語尾は、つぎのように４つあります。
- er
- re
- ir
- oir

語幹 ＋ 語尾
aimer → aim ＋ er
être → êt ＋ re
venir → ven ＋ ir
avoir → av ＋ oir

＊冠詞類がないときは慣用表現になります。
avoir faim 空腹である
avoir soif のどがかわいている
avoir raison ただしい
avoir tort まちがっている

♪ 30
＊エリジヨンやリエゾンに注意しましょう。
j'habite
tu habites
il / elle / on habite
nous habitons
vous habitez
ils / elles habitent

＊＊エリジヨンやリエゾンに注意しましょう。
j'entre
tu entres
il / elle entre
nous entrons
vous entrez
ils / elles entrent

exercices

1 適切な活用形とあとにつづくことばを右の語群からえらんで文を完成しましょう。
ne ~ pas の否定形もつくってみましょう。

1. Je chante / chantes
2. Tu danse / danses
3. J'habite / habites
4. Il travaille / travailles
5. Elle téléphone / téléphones
6. On parle / parles
7. Nous entrons / entrez
8. Vous rentrons / rentrez
9. Ils reste / restent
10. Elles passe / passent

avec toi
avec moi
à Paris
dans un café
(en) français
à Pierre
chez vous
à la maison
par là*

* par là そこから

2 適切な活用形とあとにつづくことばを下の語群からえらんで文を完成しましょう。
ne ~ pas の否定形もつくってみましょう。

1. Je regarde / regardes
2. Tu montre / montres
3. Il cherche / cherches
4. Elle trouve / trouves
5. On donne / donnes
6. Nous volons / volez
7. Vous aimons / aimez
8. Vous écoutons / écoutez

la télévision
une photo
un livre
mes clés
de l'argent
les chiens
de la musique
mon retard*
des règles**

* retard 男 遅刻
** règle 女 規則

Leçon 9 Nous commençons. er 動詞（2）

1 aller ♪ 31

aller（いく）の語尾は er ですが、つぎのように語幹（all）がかわらないのは主語が nous と vous のときだけです。

aller

je	vais	nous	allons
tu	vas	vous	allez
il / elle / on / ça	va	ils / elles	vont

— Je vais à Paris.
— Nous allons chanter.*

nous と vous 以外の活用は avoir の活用に v をつけくわえた音になります、ただし j'ai と je vais のつづりのちがいに注意しましょう。

* aller ＋動詞原形
① go to do
　〜しに行く
② be going to do
　〜するところ
（近接未来）

2 c / g + er ♪ 32

commencer（はじめる）や manger（たべる）は語尾が ons になるとき、c や g をそれぞれ [s] [ʒ] と発音するために、つぎのようにつづりが変化します。ほかの活用語尾は規則通りです。

nous commençons*
nous mangeons

* それぞれの活用は以下の通り。ç や ge については leçon 0 を参照。

je commence
tu commences
il commence
nous commençons
vous commencez
ils commencent

je mange
tu manges
il mange
nous mangeons
vous mangez
ils mangent

3 e + 子音 + er

つぎの er 動詞は、発音しない語尾（e, es, e, ent）のとき、語幹の e を [ɛ] と発音するためにつづりが変わります。

appeler　呼ぶ ♪ 33
jeter　投げる ♪ 34

語幹	語尾	語幹	語尾
appell / jett	e, es, e, ent	appel / jet	ons, ez

{ lever　もちあげる ♪ 35
{ acheter　買う ♪ 36

lèv achèt	e es e ent	lev achet	ons ez

{ espérer　のぞむ ♪ 37
{ préférer　好む ♪ 38

espèr préfèr	e es e ent	espér préfér	ons ez

4 oy + er

つぎのような動詞では、発音しない語尾（e, es, e, ent）のとき語幹のさいごのつづりが oy から oi [wa] にかわります。

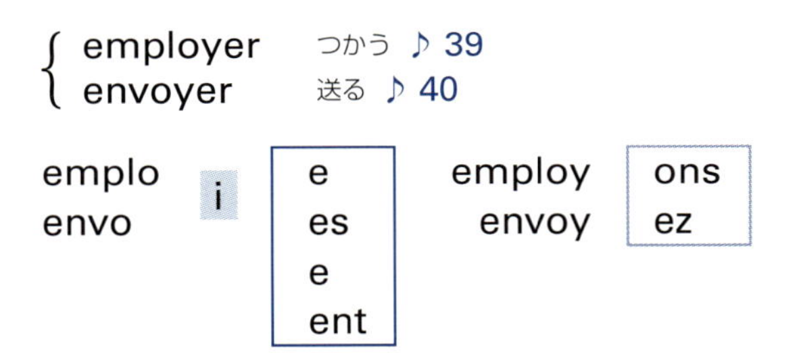

exercices

1 適切な活用形をえらびましょう。ne ~ pas の否定形もつくってみましょう。

1. Je vais / vas à Paris.
2. Tu vais / vas à Londres.
3. Il vas / va à l'école.
4. Elle vas / va à la fac.
5. Ça vas / va bien.
6. On vas / va au café.
7. Nous allons / allez au cinéma.
8. Vous allons / allez à la mer.
9. Ils va / vont à la campagne.
10. Elles va / vont en France.

2 近接未来をつくりましょう。否定形もつくってみましょう。

1. Je (   ) chanter.
2. Tu (   ) danser.
3. Il (   ) travailler.
4. Elle (   ) téléphoner.
5. Ça (   ) arriver.*
6. Nous (   ) regarder la télévision.
7. Vous (   ) chercher ce livre.
8. Vous (   ) trouver les clés.
9. Ils (   ) écouter de la musique.
10. Elles (   ) montrer des photos.

* arriver
着く→
（出来事が）起こる

3 しめされた動詞を適切に活用して（　）にいれましょう。

1. commencer
   Je (   ) le travail.
   Nous (   ) nos cours.
2. manger
   Tu (   ) du pain.
   Nous (   ) du riz.

travail 男 仕事

cours 男 授業

3. appeler

J'(　　　　　　　　　　　) mon père.

Nous (　　　　　　　　　　　) la police.

4. jeter

Il (　　　　　　　　　　　) un ballon.

Vous (　　　　　　　　　　　) vos affaires.

5. lever

Je (　　　　　　　　　　　) mon frère.

Vous (　　　　　　　　　　　) le doigt.

6. acheter

J'(　　　　　　　　　　　) un sac.

Nous (　　　　　　　　　　　) le journal.

7. espérer

J'(　　　　　　　　　　　) un miracle.

Nous (　　　　　　　　　　　) la paix.

8. préférer

Tu (　　　　　　　　　　　) le thé.

Elles (　　　　　　　　　　　) la musique.

9. employer

Elle (　　　　　　　　　　　) ce dictionnaire.

Vous (　　　　　　　　　　　) bien votre temps.

10. envoyer

Il (　　　　　　　　　　　) un e-mail.

Nous (　　　　　　　　　　　) notre enfant à l'école.

police ㊛ 警察

ballon ㊚ ボール

affaires ㊛㊪ 身の回りのもの

doigt ㊚ ゆび

journal ㊚ 新聞

miracle ㊚ 奇跡
paix ㊛ 平和

temps ㊚ 時間

Je pars demain. ir 動詞

語尾が ir でおわる動詞は、おおむねつぎのような語尾変化をします。s, s, t, ent は発音しません。

語幹 ＋ ir →	s	ons
	s	ez
	t	ent

1 courir ♪ 41

courir（走る）はすべての人称で語幹をそのままもちいます。

courir

je	cours	nous	courons
tu	cours	vous	courez
il	court	ils	courent

2 r ＋ 子音 ＋ ir ♪ 42

つぎのような動詞では、複数では語幹をそのままもちいますが、単数ではすこし形が異なるので注意しましょう。

partir*

je	pars	nous	partons
tu	pars	vous	partez
il	part	ils	partent

sortir

je	sors	nous	sortons

dormir

je	dors	nous	dormons

servir

je	sers	nous	servons

* partir 出発する
sortir
㊀ 出る ㊉ 出す
dormir ねむる
servir（= être utile）
㊀ 役立つ
㊉ 給仕する

3 第2群規則動詞 ♪ 43

つぎのような動詞は、語尾の ir が単数で is, is, it、複数が issons, issez, issent と変化します。数が多いために第2群規則動詞ともよばれています。

finir*

je	finis	nous	finissons
tu	finis	vous	finissez
il	finit	ils	finissent

choisir

je	choisis	nous	choisissons

réussir

je	réussis	nous	réussissons

réfléchir

je	réfléchis	nous	réfléchissons

* finir 終える
choisir 選ぶ
réussir 成功する
réfléchir よく考える

4 venir, tenir ♪ 44

venir（くる）と tenir（つかむ）は、つぎのように活用します。発音に注意しておぼえましょう。

je / tu / il / elle = 子音字 ien [jɛ̃] + s / s / t（発音しない）
nous / vous = 語幹 + ons / ez
ils / elles = 子音字 ienn [jɛ̃n] + ent（発音しない）

venir

je	viens	nous	venons
tu	viens	vous	venez
il	vient	ils	viennent

tenir

je	tiens	nous	tenons
tu	tiens	vous	tenez
il	tient	ils	tiennent

* 語尾が ir でも、er 動詞と同じように活用する動詞があります。

5 ouvrir, offrir ♪ 45

語尾が ir でも、er 動詞と同じように活用する動詞があります。

ouvrir*

j'ouvre	nous	ouvrons
tu ouvres	vous	ouvrez
il ouvre	ils	ouvrent

couvrir

je couvre	nous	couvrons

offrir

j'offre	nous	offrons

souffrir

je souffre	nous	souffrons

* ouvrir ひらく
couvrir おおう
offrir 提供する
souffrir (de~)
（〜に）苦しむ

exercices

vite 副 はやく

demain 副 あした

bureau 男 職場

ensemble 副 いっしょに

maintenant 副 いま

servir à ~ ～に役立つ

robe 女 ワンピース

examen 男 試験

sur 前 ～について

problème 男 問題

bouquet 男 花束

main 女 手

porte 女 とびら

casserole 女 片手鍋

faim 女 空腹

1 適切な活用形えらびましょう。

1. Je cours / court très vite.
2. Tu pars / part demain.
3. Vous pars / partez au bureau.
4. Ils part / partent pour Paris.
5. On sors / sort ensemble.
6. Vous sors / sortez un livre du sac.
7. Elle dors / dort maintenant.
8. Ils dort / dorment très bien.
9. Ça sers / sert à beaucoup de choses.
10. Vous sers / servez du vin.

2 [ ] 内の動詞を適切に活用しましょう。

1. [finir] Je (　　　　　　) mon travail.
2. [choisir] Tu (　　　　　　) une robe.
3. [réussir] Vous (　　　　　　) à l'examen.
4. [réfléchir] Ils (　　　　　　) sur ce problème.
5. [venir] Je (　　　　　　) / Nous (　　　　　　) / Ils (　　　　　　) } de Paris.
6. [tenir] Je (　　　　　　) / Nous (　　　　　　) / Ils (　　　　　　) } un bouquet à la main.
7. [ouvrir] J'(　　　　　　) la porte.
8. [couvrir] Vous (　　　　　　) une casserole.
9. [offrir] Tu (　　　　　　) des fleurs à ta mère.
10. [souffrir] Ils (　　　　　　) de la faim.

① 間違い探し：以下のメッセージには 10 この間違いがあります。探してください。

Chère* Béatrice,

Bonjour. Comment va-tu ?
Moi je être à Paris avec ma mère. C'est super. J'aime bien cette ville. Ma mère ne parle français mais elle parles anglais. Ça va. Nous allez au Musée du Louvre aujourd'hui. Nous mangons des macarrons. Ma mère boit de vin. Elle aime ça. Nos hôtel est très bien aussi. On prenons beaucoup de photo.
Bisous.**
Kanako

* cher / chère
㊎ 親愛なる
→ メッセージのはじめに相手の名前と共につける

** bisou ㊚ キス
→ メッセージのおわりにつけるあいさつ

② 自分も以下のシチュエーションで、友達の Vincent にフランス語のメッセージを書いてみましょう。
Bruxelles に姉と来ている。姉はフランス語と英語を話す。今日はブルージュ Bruges へ行く。チョコレートを食べている。ビールをたくさん飲んでいる。

Leçon 11 Je lis. re 動詞

語尾が re でおわる動詞も、そのほとんどは ir でおわる動詞と同じ語尾（s, s, t, ons, ez, ent）になります。

1 faire, dire ♪ 46

faire（する／つくる）と dire（いう）は、単数の活用形は語幹（fai / di）＋ s, s, t です。

faire

je	fais	nous	faisons [fəzɔ̃]*
tu	fais	vous	faites**
il	fait	ils	font

dire

je	dis	nous	disons
tu	dis	vous	dites**
il	dit	ils	disent

2 an / en / on + d + re ♪ 47

entendre のように語幹が鼻母音 an / en / on ＋ d でおわる動詞は、原則としてつぎのように語幹をそのままもちいて活用します。3 人称単数が dt とならないで d でおわることに注意しましょう。*

je ＋	ds	nous ＋	dons
tu	ds	vous	dez
il	d	ils	dent

entendre 聞こえる

j'entends	nous entendons
tu entends	vous entendez
il entend	ils entendent

3 ein / ain + d + re ♪ 48

peindreのように語幹が鼻母音 ein / ain ＋d でおわる動詞は、つぎのように活用します。gn[ɲ] の発音に注意しましょう。

ein / ain ＋	s	eign / aign ＋	ons
[ɛ̃]	s	[ɛɲ]	ez
	t		ent

* être の単数の語末が s, s, t であることを確認しましょう。また nous ～ ons にならないのは nous sommes だけです。
je suis
tu es
il est
nous sommes
vous êtes
ils sont

* 3 人称複数が ont でおわるのはつぎの 4 つです。
ils ont (avoir)
sont (être)
font (faire)
vont (aller)

** 2 人称複数が tes でおわるのはつぎの 3 つです。
vous êtes (être)
faites (faire)
dites (dire)

* entendre のほかにつぎのような動詞があります。
tendre 張る
attendre 待つ
rendre 返す
vendre 売る
descendre 降りる
répandre こぼす
répondre 答える

peindre* 描く

je	peins	nous	peignons
tu	peins	vous	peignez
il	peint	ils	peignent

* peindre のほかにつぎのような動詞があります。
craindre 恐れる
plaindre あわれむ
teindre 染める
éteindre 消す
joindre むすぶ

4 prendre ♪ 49

prendre（とる）はつぎのような特殊な活用をします。*

prendre とる

je	prends	nous	pren [ə]	ons
tu	prends	vous	pren [ə]	ez
il	prend [ɑ̃]	ils	prennent [ɛ]	

* prendre の派生語も同じように活用します。
apprendre 学ぶ
comprendre わかる
surprendre 驚かせる

5 mettre ♪ 50

mettre（おく）は、複数形では語幹（mett）をそのままもちいます。*

mettre おく

je	mets	nous	mettons
tu	mets	vous	mettez
il	met	ils	mettent

* mettre の派生語も同じように活用します。
permettre 許す
promettre 約束する
remettre もどす
battre（打つ）も同様：
je bats
nous battons

6 lire, écrire, croire, boire

つぎのような動詞は、単数形で語幹をそのままもちいますが、主語が複数形の場合の語幹が変わるので注意しましょう。

lire 読む ♪ 51

je	lis	nous	lisons
tu	lis	vous	lisez
il	lit	ils	lisent

écrire 書く

j'écris		nous	écrivons
tu	écris	vous	écrivez
il	écrit	ils	écrivent

croire 信じる ♪ 52

je	crois	nous	croyons*
tu	crois	vous	croyez
il	croit	ils	croient

boire のむ

je	bois	nous	buvons
tu	bois	vous	buvez
il	boit	ils	boivent

* y は ii とおきかえて発音するので、それぞれ以下のように発音します。
— oyons → oi ions [wa] [jɔ̃]
— oyez → oi iez [wa] [je]

exercices

* faire
 la cuisine　料理をする
 la vaisselle　皿洗いをする
 la lessive　洗濯をする
 des courses　買い物をする

faire ＋ 部分冠詞（スポーツ・学問など）をする

vérité 女 真実

quelque chose 代 = something なにか

bruit 男 物音

tableau 男 絵

effort 男 努力
faire des efforts　努力する

① 適切な活用をえらびましょう。*

1. Je fais / fait la cuisine.
2. Tu fais / fait la vaisselle.
3. Elle fais / fait la lessive.
4. Nous faisons / faites des courses.
5. Vous faites / font du sport.
6. Ils font / sont de la musique.

② 適切な活用をえらびましょう。

1. Je dis / dit non.
2. Tu dis / dit bonjour.
3. On dis / dit ça.
4. Nous disons / dites la vérité.
5. Vous dites / disent quelque chose.
6. Elles dit / disent oui.

③ 適切に活用しましょう。

1. [entendre] J'（　　　　　　　　） du bruit.
2. [vendre] On（　　　　　　　　） des légumes.
3. [attendre] Vous（　　　　　　　　） un ami.
4. [répondre] Elle（　　　　　　　　） à cette lettre.
5. [peindre] Tu（　　　　　　　　） un tableau.
6. [faire] Nous（　　　　　　　　） des efforts.

4 適切に活用しましょう。

1. [prendre] Je (　　　　　　　　　　) le petit déjeuner.
2. [apprendre] Nous (　　　　　　　　　　) le français.
3. [comprendre] Ils (　　　　　　　　　　) l'anglais.
4. [mettre] Je (　　　　　　　　　　) un chapeau.
5. [permettre] Vous (　　　　　　　　　　) ?

chapeau ㊚ 帽子

5 適切に活用しましょう。

1. [lire] Je (　　　　　　　　　　) un roman.
2. [lire] Vous (　　　　　　　　　　) un journal.
3. [écrire] Tu (　　　　　　　　　　) une lettre.
4. [écrire] Vous (　　　　　　　　　　) votre nom.
5. [croire] Je ne (　　　　　　　　　　) pas cette histoire.
6. [croire] (　　　　　　　　　　) -vous ça ?
7. [boire] Tu (　　　　　　　　　　) du thé.
8. [boire] Vous ne (　　　　　　　　　　) pas de thé.
9. [boire] Elles (　　　　　　　　　　) beaucoup d'eau.

roman ㊚ 小説

nom ㊚ 名前

histoire ㊛ はなし

beaucoup de ＋
無冠詞名詞
たくさんの〜

Voulez-vous aller au cinéma ? oir 動詞

語尾が oir でおわる動詞にはつぎのようなものがあります。

1 pouvoir, vouloir, devoir ♪ 53

avoir（もつ）も nous と vous は語幹をそのままつかっています。* pouvoir（できる）、vouloir（ほしい）、devoir（すべき）にもおなじことがいえます。

pouvoir	nous pouvons vous pouvez	je peux tu peux il peut ils peuvent
vouloir	nous voulons vous voulez	je veux tu veux il veut ils veulent
devoir	nous devons vous devez	je dois tu dois il doit ils doivent

— Pouvez-vous venir demain ?*

— Je veux partir tout de suite.**

— Elles doivent sortir.

2 savoir, voir ♪ 54

savoir（知る）と voir（見る）はつぎのように活用します。

savoir	nous savons vous savez	je sais tu sais il sait ils savent
voir	nous voyons* vous voyez	je vois tu vois il voit ils voient

— Je sais nager**.

— Ils voient leur professeur.

* avoir
nous avons
vous avez
j' ai
tu as
il a
ils ont

* eux というつづりは、peux や veux のほかにつぎのようなものがあります。
① 「彼ら」の強勢形
② eu で終わる名詞の複数形 un cheveu → des cheveux
③形容詞語尾＝英語の～ ous に相当。sérieux = serious（女性形は sérieuse）

* demain 明日

** tout de suite すぐに

* y と ii におきかえてつぎのように発音します。
voyons → voi ions [wa] [jɔ̃]
voyez → voi iez [wa] [je]

** 「泳ぎ方を知っている」という意味です。「いま泳げる」ことというのは、以下のように pouvoir をもちいます。
Je peux nager.

3 非人称の il + 動詞 ♪ 55

天候や時間の流れなど、だれの意思もはたらかせようのない現象をあらわすときに、非人称の il を主語にします。faire や être で非人称の il をもちいると天候や時刻をあらわしますが、falloir（必要である）や pleuvoir（雨がふる）は非人称の il だけを主語にする動詞で、活用はひとつだけです。

- **falloir**（必要である）

Il | faut | 10 euros.*
travailler.

- **pleuvoir**（雨がふる）

Il pleut à Londres.
Il va pleuvoir.

- **Il fait** 天候 *

Il fait | beau.
mauvais.
| chaud.
froid.
| frais.
humide.
| 20** degrés.

- **Il est** 時刻 *

Il est | une heure.
deux heures trente.**
midi.
minuit.

* euro 男 ユーロ

* 天候をたずねるのにはつぎのようにいいます。
Quel temps fait-il ?
風（vent 男）や雲（nuage 男）についてはつぎのように il y a をもちいます。
Il y a du vent.
Il y a des nuages.

** 20 =vingt [vɛ̃]

* 時間をたずねるのにはつぎのようにいいます。
Quelle heure est-il ?

** trente = 30

また次のような表現ももちいられます。
et demi(e) 半
et quart 15 分すぎ

moins le quart 15 分まえ
moins 5 5 分前

exercices

1 [ ] 内の動詞を適切に活用して文を完成させましょう。

1. [**pouvoir**] (   )-vous partir demain ?
   Non, je ne (   ) pas partir demain.
2. [**vouloir**] (   )-vous aller au cinéma ?
   Non, nous (   ) aller au restaurant.
3. [**devoir**] (   )-je passer* demain ?
   Oui, vous (   ) passer demain.

* passer 立寄る

2 下線部のうち適切なものをえらびましょう。

1. Je peux / sais nager,
   mais je ne peux / sais pas nager maintenant.*
2. Il regarde / voit la télévision.
3. Nous allons regarder / voir le médecin.**
4. Je ne regarde / vois pas le problème.
5. Vous savez / pouvez parler italien ?

* maintenant 副 いま

** médecin 医者

3 [ ] 内のから適切なものをえらび、文を完成させましょう。

[**Il faut / Il pleut / Il fait / Il est / Il y a**]

1. (   ) 100* euros pour mon voyage.
2. (   ) 2 heures pour aller à Kyoto.
3. (   ) chaud.
4. (   ) 30 degrés.
5. (   ) souvent.
6. (   ) 3 heures** et demie.
7. (   ) midi et quart.
8. (   ) 15 heures 20.***
9. (   ) prendre le métro.
10. (   ) du vent et des nuages.

* 100 = cent

** trois heures [trwazœr]

*** 11 から 20 の数はつぎのとおり。
11 onze
12 douze
13 treize
14 quatorze
15 quinze
16 seize
17 dix-sept
18 dix-huit
19 dix-neuf
20 vingt

動詞活用　早見表

基本の2つ	**être**	**avoir**	90% の動詞はこの活用	**-er**	**aimer**
	je suis	j' ai		je -e	j' aime
	tu es	tu as		tu -es	tu aimes
	il est	il a		il -e	il aime
	nous sommes	nous avons		nous -ons	nous aimons
	vous êtes	vous avez		vous -ez	vous aimez
	ils sont	ils ont		ils -ent	ils aiment

aller	**commencer**	**manger**	**appeler**	**jeter**	**lever**
je vais	je commence	je mange	j' appelle	je jette	je lève
tu vas	tu commences	tu manges	tu appelles	tu jettes	tu lèves
il va	il commence	il mange	il appelle	il jette	il lève
nous allons	nous commençons	nous mangeons	nous appelons	nous jetons	nous levons
vous allez	vous commencez	vous mangez	vous appelez	vous jetez	vous levez
ils vont	ils commencent	ils mangent	ils appellent	ils jettent	ils lèvent

acheter	**espérer**	**préférer**	**employer**	**envoyer**	**courir**
j' achète	j' espère	je préfère	j' emploie	j' envoie	je cours
tu achètes	tu espères	tu préfères	tu emploies	tu envoies	tu cours
il achète	il espère	il préfère	il emploie	il envoie	il court
nous achetons	nous espérons	nous préférons	nous employons	nous envoyons	nous courons
vous achetez	vous espérez	vous préférez	vous employez	vous envoyez	vous courez
ils achètent	ils espèrent	ils préfèrent	ils emploient	ils envoient	ils courent

partir	**sortir**	**dormir**	**servir**	**finir**	**choisir**
je pars	je sors	je dors	je sers	je finis	je choisis
tu pars	tu sors	tu dors	tu sers	tu finis	tu choisis
il part	il sort	il dort	il sert	il finit	il choisit
nous partons	nous sortons	nous dormons	nous servons	nous finissons	nous choisissons
vous partez	vous sortez	vous dormez	vous servez	vous finissez	vous choisissez
ils partent	ils sortent	ils dorment	ils servent	ils finissent	ils choisissent

réussir	**réfléchir**	**venir**	**tenir**	**ouvrir**	**couvrir**
je réussis	je réfléchis	je viens	je tiens	j' ouvre	j' couvre
tu réussis	tu réfléchis	tu viens	tu tiens	tu ouvres	tu couvres
il réussit	il réfléchit	il vient	il tient	il ouvre	il couvre
nous réussissons	nous réfléchissons	nous venons	nous tenons	nous ouvrons	nous couvrons
vous réussissez	vous réfléchissez	vous venez	vous tenez	vous ouvrez	vous couvrez
ils réussissent	ils réfléchissent	ils viennent	ils tiennent	ils ouvrent	ils couvrent

offrir	**souffrir**	**faire**	**dire**	**entendre**	**peindre**
j' offre	je souffre	je fais	je dis	j' entends	je peins
tu offres	tu souffres	tu fais	tu dis	tu entends	tu peins
il offre	il souffre	il fait	il dit	il entend	il peint
nous offrons	nous souffrons	nous faisons	nous disons	nous entendons	nous peignons
vous offrez	vous souffrez	vous faites	vous dites	vous entendez	vous peignez
ils offrent	ils souffrent	ils font	ils disent	ils entendent	ils peignent

prendre	**mettre**	**lire**	**écrire**	**croire**	**boire**
je prends	je mets	je lis	je écris	je crois	je bois
tu prends	tu mets	tu lis	tu écris	tu crois	tu bois
il prend	il met	il lit	il écrit	il croit	il boit
nous prenons	nous mettons	nous lisons	nous écrivons	nous croyons	nous buvons
vous prenez	vous mettez	vous lisez	vous écrivez	vous croyez	vous buvez
ils prennent	ils mettent	ils lisent	ils écrivent	ils croient	ils boivent

pouvoir	**vouloir**	**devoir**	**savoir**	**voir**
je peux (puis)	je veux	je dois	je sais	je vois
tu peux	tu veux	tu dois	tu sais	tu vois
il peut	il veut	il doit	il sait	il voit
nous pouvons	nous voulons	nous devons	nous savons	nous voyons
vous pouvez	vous voulez	vous devez	vous savez	vous voyez
ils peuvent	ils veulent	ils doivent	ils savent	ils voient

J'y vais. 中性代名詞

中性代名詞とは性数の一致をしない代名詞。つぎのように y, en, le があります。

1 y ♪ 56

場所をあらわす前置詞句や「à ＋ものごと」を受けます。*

Vous allez en France ?
— Oui, j'y vais.
— Non, je n'y vais pas.

Vous pensez à votre avenir ?
— Oui, j'y pense.
— Non, je n'y pense pas.

* à ＋人
1）間接目的人称代名詞 (me, te, lui,...)
Je parle à Roland.
Je lui parle.

2）à ＋強勢形
Je pense à Roland.
Je pense à lui.

2 en ♪ 57

de をふくむ語句をうけます。おもにつぎのような３つのばあいがあります。

1） de ＋ 場所

Vous venez de Paris ?
— Oui, j'en viens.
— Non, je n'en viens pas.

2） 数量表現

un / une / des du / de la	名詞	→ en ＋ 動詞＋	un une un peu beaucoup un kilo combien …
un peu beaucoup un kilo combien …	de ＋ 名詞		

Tu manges du chocolat ?
— Oui, j'en mange.

Vous avez des sœurs ?
— Oui, j'en ai une.
— Non, je n'en ai pas.

Vous voulez combien de tomates ?
— J'en veux un kilo.

3） 動詞 + de* ♪ 58

動詞 être + 形容詞	de + 名詞（もの）／ 動詞	→ en +	動詞 être + 形容詞

Vous parlez de ce roman ?
— Oui, j'en parle.

Tu te souviens de cet accident ?
— Oui, je m'en souviens.
— Non, je ne m'en souviens pas.

Il a besoin de ton aide ?**
— Oui, il en a besoin.
— Non, il n'en a pas besoin.

3 le ♪ 59

属詞 * となっている形容詞や無冠詞名詞、直接目的補語となっている不定詞や節 ** をうけます。

Vous êtes contente ?
— Non, je ne le suis pas.

Tu veux partir demain ?
— Non, je ne le veux pas.

Il est content ?
— Oui, je le pense.

* つぎのような表現があります。
parler de
rêver de
se souvenir de
être sûr de
être content de
avoir peur de
avoir besoin de

** 「de ＋人」は「de 強勢形（moi, toi, lui）」となります。
Il a besoin de toi ?
— Oui, il a besoin de moi.
— Non, il n'a pas besoin de moi.

* 属詞とは英語の補語（C）にあたります。
Je suis content / étudiant.
などのように être のあとの形容詞や名詞です。

** 節とはＳＶをふくむひとまとまりです。たとえば
Je pense qu'il est content.
は
Je le pense.
となります。

exercices

① つぎのやりとりで le がうけている部分を例にならって下線をひきましょう。

例）<u>C'est intéressant</u> ?　— Oui, je le crois.

1. Elle est contente ?　— Oui, je le pense.
2. Il est fatigué ?　— Non, je ne le pense pas.
3. Voulez-vous partir ?　— Oui, je le veux.
4. Vous êtes journaliste ?　— Non, je ne le suis pas.

② （　）に適切な中性代名詞をいれましょう。

1. Vous allez en France ?*　— Oui, j'(　　　　　) vais.
2. Vous allez au Japon ?*　— Non, je n'(　　　　　) vais pas.
3. Il mange au restaurant ?　— Oui, il (　　　　　) mange.
4. Tu mets tes clés dans ce sac ?　— Oui, j'(　　　　　) mets mes clés.
5. Tu penses à ton avenir ?
   — Oui, j'(　　　　　) pense.
   — Non, je n'(　　　　　) pense pas.
6. Tu penses à ton copain ?
   — Oui, je pense à (　　　　　).
   — Non, je ne pense pas à (　　　　　).

* aller en France
venir de France

* aller au Japon
venir du Japon

③ （　）内に適切な中性代名詞をいれましょう。

1. Vous venez de France ?
   — Oui, j'(　　　　　) viens.
2. Il vient du Japon ?
   — Non, il n'(　　　　　) vient pas.
3. Vous avez de l'argent ?
   — Oui, j'(　　　　　) ai.
   — Non, je n'(　　　　　) ai pas.
4. Tu as des sœurs ?
   — Oui, j'(　　　　　) ai une.
   — Oui, j'(　　　　　) ai deux.
   — Non, je n'(　　　　　) ai pas.

5. Tu veux du café ? — Oui, j'( ) veux un peu.

6. Vous avez beaucoup de livres ? — Oui, j'( ) ai beaucoup.

7. Combien de tomates voulez-vous ?
— J'( ) voudrais un kilo.

voudrais → vouloir
の条件法現在
〜を欲しいのですが
(leçon 22 参照)

4 ( ) 内に適切な中性代名詞を入れましょう。

1. Vous parlez de ce film ?
— Oui, j'( ) parle.

2. Vous parlez de Louise ?
— Non, je ne parle pas d'( ).

3. Tu rêves d'aller en France ?
— Oui, j'( ) rêve.
— Non, je n'( ) rêve pas.

4. Il rêve de sa copine ?
— Non, il ne rêve pas d'( ).

5. Vous êtes sûr de votre succès ?
— Oui, j'( ) suis sûr.

6. Tu es sûr de tes amis ?
— Oui, je suis sûr d'( ).

7. Tu as peur des chiens ?
— Non, je n'( ) ai pas peur.

8. Elle a peur de son père ?
— Non, elle n'a pas peur de ( ).

9. Tu es content du résultat ?
— Oui, j'( ) suis content.

10. Vous avez besoin de mon aide ?
— Non, je n'( ) ai pas besoin.

11. Tu as besoin de moi ?
— Oui, j'ai besoin de ( ).

Je te donne... 人称代名詞

動詞となる人称代名詞（ je, tu …）のほかに、動詞があらわす意味をうけとめる目的補語（complément d'objet）となる人称代名詞があります。

1 直接目的補語（complément d'objet direct） ♪ 60

動詞があらわす意味を前置詞を介さずにうけとめます。３人称（ le, la, les ）は人だけでなく物でもありえます。

	単数	複数
1 人称	me*	nous
2 人称	te	vous
3 人称	le la	les

* 以下のようなエリジョンがあります。
me → m'　te → t'
le → l'　la → l'

Vous connaissez** Pierre ?
— Oui, je le connais.
— Non, je ne le connais pas.

** connaître 知っている ♪ 61
je connais
tu connais
il connaît
nous connaissons
vous connaissez
ils connaissent

Tu m'aimes ?
— Oui, je t'aime.
— Non, je ne t'aime pas.

Vous allez chercher*** Pierre et Marie ?
— Oui, je vais les chercher.
— Non, je ne vais pas les chercher.

*** aller chercher 迎えに行く

2 間接目的補語（complément d'objet indirect） ♪ 62

動詞があらわす意味を前置詞 à を介してうけとめます。３人称（lui, leur）は男女共通で、原則として事物ではありません。

me*	nous
te	vous
lui	leur

* 以下のようなエリジョンがあります。
me → m'　te → t'

Vous parlez à Pierre ?**
— Oui, je lui parle.
— Non, je ne lui parle pas.

** parler à ～に話しかける

Tu peux me téléphoner ?***
— Oui, je peux te téléphoner.
— Non, je ne peux pas te téléphoner.

*** téléphoner à ～に電話をする

exercices

1 (　) に直接目的補語人称代名詞 me / m' / te　/ t' / nous / vous をいれましょう。

1. Il (　　　　　) cherche.
2. Il ne (　　　　　) cherche pas.
3. Elle (　　　　　) aime.
4. Elle ne (　　　　　) aime pas.
5. Il va (　　　　　) chercher.
6. Il ne va pas (　　　　　) chercher.
7. Elle peut (　　　　　) aimer.
8. Elle ne peut pas (　　　　　) aimer.

chercher さがす

2 (　) に間接目的補語人称代名詞 me / m' / te　/ t' / nous / vous をいれましょう。

1. Il (　　　　　) parle.
2. Il ne (　　　　　) parle pas.
3. Elle (　　　　　) écrit.
4. Elle ne (　　　　　) écrit pas.
5. Il veut (　　　　　) parler.
6. Il ne veut pas (　　　　　) parler.
7. Elle doit (　　　　　) écrire.
8. Elle ne doit pas (　　　　　) écrire.

écrire à
～に手紙を書く

3 下線部をそれぞれ直接目的補語人称代名詞にかえて (　) にいれましょう。

1. Je trouve <u>le livre / la clé / les livres / les clés</u>.
   → Je (　　　　　) trouve.
   → Je ne (　　　　　) trouve pas.
   → Je viens de (　　　　　) trouver.
2. Je connais <u>Pierre / Marie / Pierre et Marie</u>.
   → Je (　　　　　) connais.
   → Je ne (　　　　　) connais pas.
   → Je voudrais (　　　　　) connaître.
3. Il aime <u>Pierre / Marie / Pierre et Maire</u>.*
   → Il (　　　　　) aime.
   → Il ne (　　　　　) aime pas.

* エリジヨンとリエゾンの発音に注意しましょう。

exercices

4. Elle aime le thé / les chats.
   → Elle (　　　　　) aime.
   → Elle ne (　　　　　) aime pas.

4 下線部をそれぞれ間接目的補語人称代名詞にかえて（　）にいれましょう。

1. Je parle à Marie.
   → Je (　　　　　) parle.
   → Je ne (　　　　　) parle pas.
2. Je vais écrire à Pierre et Marie.
   → Je vais (　　　　　) écrire.
   → Je ne vais pas (　　　　　) écrire.
3. Il ne téléphone pas souvent à son père.
   → Il ne (　　　　　) téléphone pas souvent.
4. Elle ressemble beaucoup à ses parents.
   → Elle (　　　　　) ressemble beaucoup.

ressembler à
～に似ている

5 質問に適切な補語人称代名詞をもちいて答えましょう。

1. Tu m'aimes ?
   Oui, je (　　　　　) aime. / Non, je ne (　　　　　) aime pas.
2. Vous m'écoutez ?
   Oui, je (　　　　　) écoute. / Non, je ne (　　　　　) écoute pas.
3. Vous prenez le train ?
   Oui, je (　　　　　) prends. / Non, je ne (　　　　　) prends pas.
4. Il obéit à son père ?
   Oui, il (　　　　　) obéit. / Non, il ne (　　　　　) obéit pas.
5. Ça te plaît ?
   Oui, ça (　　　　　) plaît. / Non, ça ne (　　　　　) plaît pas.
6. Tu penses à ton copain ?
   Oui, je pense à (　　　　　). / Non, je ne pense pas à (　　　　　).

obéir à　～に従う

plaire à
～の気に入る

copain (copine)
友人、恋人

6 [à ＋強勢形] を間接目的補語にかえて（　）にいれましょう。

1. [à moi] Il (　　　　) donne ce cadeau.
2. [à moi] Tu (　　　　) offres ces fleurs.
3. [à toi] Je (　　　　) présente mon copain.
4. [à toi] Je (　　　　) envoie un mail.
5. [à nous] Il (　　　　) montre cette photo.
6. [à nous] Vous (　　　　) offrez ces fleurs.
7. [à vous] Je voudrais (　　　　) poser* des questions.
8. [à vous] Je vais (　　　　) expliquer** mon retard.

7 下線部を直接目的補語の人称代名詞にかえて（　）にいれましょう。

1. Il me donne ce cadeau.
   → Il me (　　　　) donne.
   → Il ne me (　　　　) donne pas.
   → Il va me (　　　　) donner.
   → Il ne va pas me (　　　　) donner.
2. Tu m'offres ces fleurs.
   → Tu me (　　　　) offres.
3. Je te présente ma copine.
   → Je te (　　　　) présente.
4. Je t'envoie cette lettre.
   → Je te (　　　　) envoie.
5. Il nous montre cette photo.
   → Il nous (　　　　) montre.
6. Pouvez-vous me répéter la question ?
   → Pouvez-vous me (　　　　) répéter ?

cadeau
　㊚ プレゼント
offrir 贈る
présenter 紹介する

envoyer 送る

montrer 見せる

Je voudrais
　→ vouloir の条件法現在
　～したいのですが
　(leçon 22 参照)

* poser (質問を) する
** expliquer 説明する

Il travaille moins. 比較

比較（comparaison）には比較級と最上級があります。

1 beaucoup（副詞）の比較級・最上級　♪ 63

副詞の beaucoup がつぎのように比較級と最上級にかわります。比較の対象は que でしめし、最上級の範囲は de であらわします。

* [plys]

— 比較級	+ plus* = autant − moins		que...
— 最上級	le	plus moins	de...

Elle travaille beaucoup.

→ Elle travaille	+ plus* = autant − moins	que moi.
→ Elle travaille le	plus* moins	de la classe.

2 beaucoup de の比較級・最上級　♪ 64

〈beaucoup de ＋ 無冠詞名詞〉がつぎのように比較級と最上級にかわります。

* [plys] または [ply]

— 比較級	+ plus* = autant − moins		de ＋ 無冠詞名詞 que...
— 最上級	le	plus moins	de ＋ 無冠詞名詞 de...

Il a beaucoup de livres.

→ Il a		+ plus = autant − moins	de livres qu'elle.
→ Il a	le	plus moins	de livres de la classe.

3 その他の副詞の比較級・最上級 ♪ 65

beaucoup 以外の副詞の比較級・最上級はつぎのようにあらわします。

— 比較級		+ plus = aussi − moins	副詞 que...
— 最上級	le	plus moins	副詞 de...

Elle marche vite.

→ Elle marche	+ plus = aussi − moins	vite que lui.
→ Elle marche le	plus moins	vite de la classe.

4 形容詞の比較級・最上級 ♪ 66

形容詞の比較級・最上級はつぎのようにあらわします。最上級は le, la, les をもちいて性数を一致させます。

— 比較級		+ plus* = aussi − moins	形容詞 que...
— 最上級	le / la / les	plus moins	形容詞 de...

Elle est active.

→ Elle est	+ plus = aussi − moins	active que toi.
→ Elle est la	plus moins	active** de la classe.

C'est une étudiante bavarde.

→ C'est une étudiante	+ plus = aussi − moins	bavarde*** que toi.
→ C'est l'étudiante la	plus moins	bavarde de la classe.

* [ply]

** actif (active)
形 活動的な

*** bavard
形 おしゃべりな

5 bien と bon の比較級・最上級 ♪ 67

bien と bon の比較級・最上級はつぎのような特別なかたちになります。

1） **bien**（副詞）

— 比較級　mieux*

— 最上級　le mieux

* 同等比較・劣等比較は以下のとおりです。
aussi / moins | bien

Elle chante bien.
→ Elle chante mieux que nous.
→ Elle chante le mieux de la classe.

2） **bon**（形容詞）

— 比較級　meilleur(e / s / es)* [mɛjœr]

— 最上級　le / la / les | meilleur(e / s / es)

* 同等比較・劣等比較は以下のとおりです。
aussi / moins | bon

C'est une bonne chanteuse.
→ C'est une meilleure chanteuse que vous.
→ C'est la meilleure chanteuse de la classe.

C'est ma meilleure amie. *

* 最上級の le / la / les を所有形容詞（mon,...）におきかえることもできます。

exercices

1 A・Bのことばをつかって、いろいろな文をつくりましょう。

L'important, c'est de travailler ___A___ ___B___.*

A : (1) plus, autant, moins

B : (1) que moi / toi / lui / nous / vous
qu'elle / elles / eux
qu'avant*, qu'hier**, qu'aujourd'hui***

A : (2) le plus, le moins

B : (2) de la classe, de nous, de tous*
du Japon**, de France***, du monde

* L'important, c'est de + 動詞 : たいせつなのは～だ

* avant 以前
** hier きのう
*** aujourd'hui 今日

* tous [tus]
** au Japon → du Japon
*** en France → de France

2 日本語をヒントに plus, autant, moins / le plus, le moins をいれましょう。

1. Anne travaille beaucoup, mais je travaille (　　　　　) qu'elle.
   Je travaille (　　　　　) de la classe.
   彼女より働く、クラスでいちばん働く

2. J'aime beaucoup les chats, mais Anne aime ça (　　　　　) que moi.
   アンヌも同じぐらいネコがすき

3. Je ne lis pas beaucoup, mais Jean lit (　　　　　) que moi.
   Il lit (　　　　　) de la classe.
   ジャンは私より読書しない、クラスでいちばんしない

4. J'ai beaucoup d'amis, mais Jean a (　　　　　) d'amis que moi.
   Il a (　　　　　) d'amis de tous.
   私よりも友だちが多い、いちばん多い

5. Jean voit beaucoup de films, mais je vois (　　　　　) de films que lui.
   彼と同じぐらい映画をみる

6. Il y a du bruit, mais là-bas, il y a (　　　　　) de bruit qu'ici. Là-bas,
   il y a (　　　　　) de bruit de ce quartier.
   あちらは騒音が少ない、いちばんしずか

là-bas あちら

exercices

3 日本語をヒントに plus, aussi, moins / le plus, la plus, les plus, le moins, la moins, les moins をいれましょう。

1. Elle nage (　　　　　　　　　　) vite que moi.　私よりも速く
2. Elle nage (　　　　　　　　　　) vite que lui.　彼よりもおそく
3. Elle nage (　　　　　　　　　　) vite qu'eux.　彼らと同じぐらい
4. Elle nage (　　　　　　　　　　) vite de la classe.　いちばん速く
5. Elle nage (　　　　　　　　　　) vite de nous tous.　いちばんおそく
6. Il est (　　　　　　　　　　) sérieux qu'elle.　彼女よりもまじめ
7. Il est (　　　　　　　　　　) sérieux que moi.　私と同じぐらいまじめ
8. C'est (　　　　　　　　　　) sérieux de tous.　いちばんまじめ
9. C'est un des étudiants (　　　　　　　　　　) sérieux étudiants de tous.
   いちばんまじめな学生のうちのひとり
10. C'est l'étudiant (　　　　　　　　　　) sérieux de tous.
    いちばんまじめな学生
11. Anne est (　　　　　　　　　　) âgée que Marie.　同じ年齢
12. Je suis (　　　　　　　　　　) âgé(e) qu'elles de trois ans.
    ３才年上
13. Je suis (　　　　　　　　　　) âgé(e) que lui de trois ans.
    ３才年下
14. Elles sont (　　　　　　　　　　) âgées de nous tous.
    いちばん年下
15. Les Alpes sont (　　　　　　　　　　) hautes montagnes de France.
    いちばん高い山々
16. Paris est la ville (　　　　　　　　　　) peuplée de France.
    もっとも人口のおおい都市
17. C'est une des (　　　　　　　　　　) belles villes du monde.
    世界でもっとも美しい都市のひとつ

nous tous
私たち全員の中で

un(e) des ~
[des = de + les]
〜のうちのひとつ

âgé
年をとっている
de ~an(s)
〜才差で

4 mieux / meilleur(e / s / es) をいれましょう。

1. Elle chante (　　　　　　　　) que moi.
2. C'est une (　　　　　　　　) chanteuse que moi.
3. Elle chante le (　　　　　　　　) de tous.
4. C'est la (　　　　　　　　) chanteuse de tous.
5. Vous parlez (　　　　　　　　) français que votre professeur.
6. La méthode la plus simple est la (　　　　　　　　).
7. C'est un des (　　　　　　　　) cinéastes du monde.
8. J'aime (　　　　　　　　) ce vin-ci que ce vin-là.
9. Ce vin-ci est (　　　　　　　　) que ce vin-là.
10. Ce sont mes (　　　　　　　　) amies.

On se voit ? 代名動詞と命令法

1 代名動詞（verbe pronominal）

動詞が「自分自身」という意味の再帰代名詞（pronom réfléchi）をともなうときに、代名動詞とよばれます。
再帰代名詞は直接目的補語と間接目的補語（à をふくむ）がおなじかたちです。

	単数	複数
1 人称	me	nous
2 人称	te	vous
3 人称	se	

2 代名動詞の用法

再帰・相互・受身・本質の４つの用法があります。いずれも自発性をあらわす表現になります。

1） 再帰 ♪ 68

主語はおもに人で、再帰代名詞（me, te, se..）が「みずから（自分で）」というような意味になっています。

a / 直接目的補語（自分自身を）

Je couche le bébé.
　　　　　直目
Je le couche.

Je me couche.

Je me lève à 7 heures.*
Tu te douches le matin.**
Elle s'habille en noir.
Nous nous promenons dans le jardin.
Vous vous appelez comment ?
— Je m'appelle Sophie.

b / 間接目的補語（自分自身に）+ 動詞 + 直接目的補語（定冠詞 + 体の部分）

Je me lave.
　　直目
Je me lave les mains.
　　間目　　　直目

---

* 主語と動詞とのくみあわせは以下のとおりです。

je me / tu te / il se / elle se / on se / nous nous / vous vous / ils se / elle se ＋ 動詞

否定は je ne me 動詞 pas. となります。

* →「みずから」寝る

lever, promener, appeler の活用を復習しましょう。

主語と動詞とのくみあわせは以下のとおりです。

je lèv	e / es / e / ent
nous / vous	levons / levez

je promèn	e / es / e / ent
nous / vous	promenons / promenez

je appell	e / es / e / ent
nous / vous	appelons / appelez

** tu te douches
→ se doucher
シャワーをあびる

2）相互 ♪ 69

主語は複数で、再帰代名詞が「たがいに」というような意味をになっています。

Ils s'aiment mutuellement.*

On se voit ?

Nous nous téléphonons souvent.

* mutuellement = l'un l'antre おたがいに

3）受身

主語は事物で、再帰代名詞が「おのずから（自然に）」というような意味をになっています。On を主語にした表現の受身とみなされています。

On vend bien cette bière.
→ Cette bière se vend* bien.

On voit bien la tour Eiffel la nuit.
→ La tour Eiffel se voit bien la nuit.

* vendre ↔ acheter

4）本質

熟語的な表現ですが、いずれにも自発的な行為をあらわしています。

se souvenir de* おもいだす
Je ne me souviens pas de son nom.

se moquer de からかう
Tu ne dois pas te moquer de moi.

s'en aller たちさる
On s'en va.

* souvenir は venir とおなじように活用します。

3 命令法のつくり方 ♪ 70

tu や vous にたいしては命令・依頼をあらわし、nous にたいしては勧誘をあらわします。「tu・vous・nous ＋現在形」から主語をとります。ただし aller と er 動詞や ouvrir などの er 動詞とおなじ活用をする動詞は、tu の動詞の現在形の語尾の es から s をとります。また avoir と être は特別なかたちになります。

	finir	chanter	aller	ouvrir
2人称単数	finis	chante	va	ouvre
2人称複数	finissez	chantez	allez	ouvrez
1人称複数	finissons	chantons	allons	ouvrons

Finissons notre travail !
Ouvrez la porte, s'il vous plaît.

つぎのような動詞は特別なかたちになります。 ♪ 71

	être	avoir	savoir	vouloir
2人称単数	sois	aie	sache	veuille ***
2人称複数	soyez*	ayez **	sachez	veuillez
1人称複数	soyons	ayons	sachons	

* soyez [swaje]
soyons [swajɔ̃]

** ayez [ɛje]
ayons [ɛjɔ̃]

*** veuille [vœj]
veuillez [vœje]

Sois sage !
Veuillez répondre tout de suite.

否定は ne~pas で命令形をはさみます。

Ne chante pas si haut !
N'ayez pas peur !

4 命令法と代名詞 ♪ 72

目的補語などの代名詞は、命令法では動詞のうしろにトレ・デュニオンでつなげます。つぎのような点に注意しましょう。

1） me と te は強勢形（moi、toi）になります。

Excuse-moi ! / Excusez-moi !
Dis-moi la vérité.
Lève-toi !

2） aller の tu にたいする命令形 va は、中性代名詞 y（そこ）をつけると、vas となります。この語末の s はリエゾンして [z] と発音します。

Vas-y ! / Allons-y ! / Allez-y !

3） 否定の命令形では、代名詞は動詞のまえにきます。

Ne me dis pas la vérité.
N'y va pas !

exercices

1 例にならって、（ ）内に適切な代名詞や動詞をいれましょう。

例） Je lève mon père. = Je le lève.
Je me lève.

1. Tu douches le bébé. = Tu （　　　　　　） douches.
   Tu te （　　　　　　）.
2. Il habille l'enfant. = Il （　　　　　　） habille.
   Il s'（　　　　　　）.
3. Nous promenons le chien. = Nous （　　　　　　） promenons.
   Nous nous （　　　　　　）.
4. Elle couche son enfant. = Elle （　　　　　　） couche.
   Elle se （　　　　　　）.

2 （ ）（ ）内に適切な代名詞や動詞をいれましょう。

例） Marie aime Pierre et Pierre aime Marie.
→ （ Ils ）（ s' ） aiment.

1. Marie téléphone à Pierre et Pierre téléphone à Marie.
   → （　　　　）（　　　　） téléphonent.
2. Je te vois et tu me vois.
   → On （　　　　） voit.
   Nous （　　　　） voyons.
3. On vend bien ce vélo.
   → Ce vélo （　　　　） vend bien.
4. On mange des huîtres crues.
   → Les huîtres, ça （　　　　） mange cru.
5. Tu te souviens de son nom ?
   — Oui, je （　　　　）（　　　　） de son nom.
   — Non, je ne （　　　　）（　　　　） pas de son nom.
6. Vous vous moquez de moi ?
   — Oui, je （　　　　）（　　　　） de vous.
   — Non, je ne （　　　　）（　　　　） pas de vous.

huître 女 カキ
cru 形
生の、未加工の

exercices

réveiller
目覚めさせる
se réveiller
目覚める

7. Tu t'en vas ?
   — Oui, je (　　　　　)' (　　　　　) (　　　　　) .
   — Non, je ne (　　　　　)' (　　　　　) (　　　　　) pas.
8. Vous vous réveillez* tôt le matin ?
   — Oui, je (　　　　　) (　　　　　　　　　) tôt le matin.
   — Non, je ne (　　　　　) (　　　　　　　　　) pas tôt le matin.
9. Vous vous appelez comment ?
   — Je (　　　　　)'(　　　　　　　　　) Sophie.

3 下線の適切なものをえらびましょう。

1. Voilà notre travail. Finissons -le / -la .
2. J'adore cette chanson ! Chante -le / -la .
3. Va / Vas au café !
4. Vas / Va -y !
5. Monsieur, excuse-moi / excusez-moi .
6. Réveille -toi / -vous !
7. Lavez -toi / -vous les mains.
8. Regardons -vous / -nous l'un l'autre.
9. Ne me dites / dites-moi pas la vérité.

1 下記の地図を手にして、道案内の文章に従って進むと、どこへ行くでしょうか？
以下の３つから選んでください。Vous êtes ici と書かれた場所がスタート地点です。

A. l'église　　**B.** le café　　**C.** la boulangerie

道案内 *

Allez tout droit jusqu'à la deuxième rue. Tournez à droite. Prenez la première rue à gauche. Continuez jusqu'à la banque. Tournez à gauche. C'est à côté de la pharmacie.

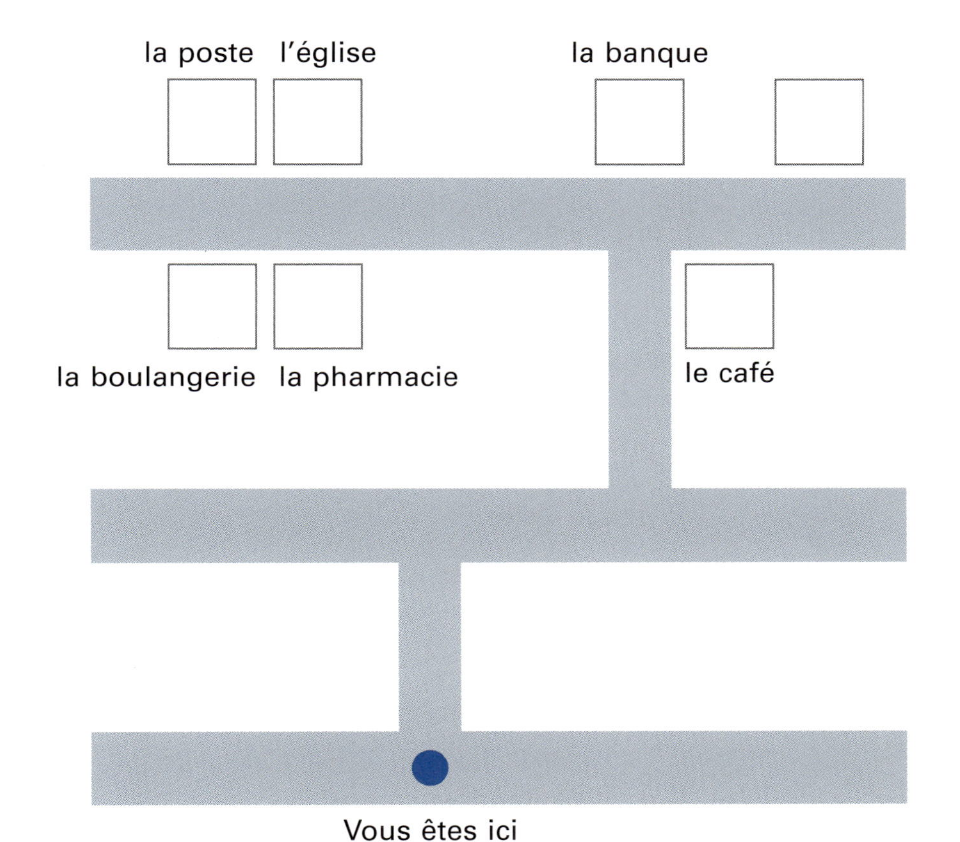

2 同じ地図を使って、出発点に戻る道案内をしてみましょう。

* aller tout droit 直進する

jusqu'à ～まで

rue ㊛ 通り

tourner à ～に曲がる

droite 右

gauche 左

prendre la première rue à ～最初の道を～側に曲がる

à côté de ～のとなり

Un chat que j'aime 関係代名詞

関係代名詞（pronom relatif）は、先行する名詞や代名詞を説明する節をつくります。関係代名詞がもちいられた節は、名詞や代名詞を修飾するので形容詞節になります。

1 qui ＝主語　que ＝直接目的補語　♪ 73

関係節のなかで、主語となる関係代名詞が qui、直接目的補語となるのが que です。人も事も区別しません。省略することはできません。que はエリジヨンで qu' となります。

un chat | noir
| qui me plaît
| que j'aime

ce | qui me plaît
| que j'aime

2 où ＝前置詞＋場所／（前置詞）＋ 時間　♪ 74

関係節のなかで、où は場所や時間をあらわす副詞や前置詞のかわりになります。関係副詞（adverbe relatif）とかんがえることもできます。

Paris | où j'habite*
| que je visite

ce jour où je ne travaille pas**

* J'habite à Paris.
Je visite Paris.

** Je ne travaille pas ce jour-là.

3 dont = de ＋名詞　♪ 75

中性代名詞 en のように、前置詞 de をふくむ表現が dont となります。人も物も区別しません。

un livre | dont l'auteur est connu*
| dont je connais l'auteur

un homme | dont je parle**
| dont j'ai besoin

ce | dont je parle***
| dont j'ai besoin

* L'auteur de ce livre est connu.
Je connais l'auteur de ce livre.

** Je parle de cet homme.
J'ai besoin de cet homme.

*** Je parle de ça.
J'ai besoin de ça.

exercices

1 qui / que (qu') / où / dont を適切に（　）にいれましょう。

1. un chien （　　　　） me plaît
（　　　　） nous avons chez nous
（　　　　） il parle
2. un quartier* （　　　　） j'habite
（　　　　） te plaît
（　　　　） il fréquente**
（　　　　） je suis fier (fière)***
3. le jour* （　　　　） je travaille
（　　　　） se lève
（　　　　） on passe** en France
（　　　　） j'ai peur***

2 qui / que / dont を適切に（　）にいれましょう。

1. Ce （　　　　） me plaît, c'est de chanter.
2. Ce （　　　　） j'aime, c'est de lire.
3. Ce （　　　　） j'ai besoin, c'est de dormir.
4. Ce （　　　　） je n'aime pas, c'est de travailler.
5. C'est ce （　　　　） est important.
6. C'est ce （　　　　） il veut faire.
7. C'est ce （　　　　） je suis sûr(e).
8. C'est ce （　　　　） je me souviens.

* quartier
男 街、界隈

** fréquenter
よくおとずれる

*** être fier (fière) de～
～を自慢におもっている

* jour
男 日、昼、陽光、太陽

** passer すごす

*** avoir peur de～
～をおそれている

exercices

3 例にならって、関係代名詞を使っている文を2つの文に分けてみましょう。

例）Vous avez un chat qui est très mignon.
→ Vous avez un chat.
Il est très mignon.

1. Tu as une sœur qui habite à Paris.
→ Tu as une sœur.
(   ) habite à Paris.

2. Regardez cet homme qui chante dans la rue.
→ Regardez cet homme.
(   ) chante dans la rue.

3. L'homme que j'aime bien est très gentil* avec tout le monde.**
→ L'homme est très gentil avec tout le monde.
Je (   )' aime bien.

4. Voilà le livre dont j'ai besoin.
→ J'ai besoin (   ) ce livre.
J'(   ) ai besoin.

5. C'est un auteur dont je connais bien les livres.
→ C'est un auteur.
Je connais bien les livres (   ) cet auteur.

6. La ville où il habite est très agréable.
→ La ville est très agréable.
Il (   ) habite.

7. Le quartier qu'il fréquente est très agréable.
→ Le quartier est très agréable.
Il (   ) fréquente.

mignon (mignonne)
形 かわいい

rue
女 通り（両側が家並の街路）

* gentil (gentille)
形 やさしい

** tout le monde
みんな

auteur 男 作者

agréable
形 たのしい、快い

4 訳してみましょう。

1. Ce qui n'est pas clair n'est pas français.

2. Un roman est un miroir qui se promène sur une grande route.

clair 形 明解な

route 女 街道

Qu'est-ce qui se passe ? 強調構文とさまざまな疑問文

1 強調構文 ♪ 76

文の一部をとりだして強調します。つぎのように主語と主語以外でかたちがちがいます。

C'est 主語 qui 動詞…
C'est 主語以外 que 主語 + 動詞…

J'étudie le français à l'université.
① ② ③

① C'est moi qui étudie le français à l'université.*
② C'est le français que j'étudie à l'université
③ C'est à l'université que j'étudie le français.

* 主語の代名詞を強調するときは強勢形（moi, toi...）。動詞は主語代名詞の人称とあわせる。
C'est moi qui suis étudiant.

2 倒置 ♪ 77

Leçon 2, 3 で見たように、疑問文をつくるときに主語（S）と動詞（V）を倒置させることがあります。代名詞の主語を倒置するときは、avez-vous のようにトレ・デュニオン（ - ）でつなぎます。代名詞以外の名詞を倒置するときは、SV のあとには S の内容にしたがって -il, -elle, -ils, -elles をつけくわえます。これを複合倒置といいます。

Vous avez des problèmes ?
Avez-vous des problèmes ?
Est-ce que vous avez des problèmes ?*

Christophe travaille à Tokyo ?
Christophe arrive-t-il** à Tokyo ?

* est-ce que は、c'est que～（～ということです）という表現の倒置（est-ce que）で、「～ということですか？」という意味になります。

** avoir, aller, er 動詞の三人称単数の倒置は、以下のように -t- をはさみます。

a-t- { il / elle / on

va-t- { il / elle / on

arrive-t- { il / elle / on

3 疑問代名詞 Qui（だれ）／Que（なに） ♪ 78

1） Qui

qui = 主語

疑問代名詞の qui（だれ）と que（なに）はつぎのようにつかいます。que は文頭でもちいて、文中では quoi となります。強調構文とくみあわせたかたちもゆっくり理解しておぼえましょう。

Qui vient ? — Ma sœur vient.
Qui est-ce qui vient ?*

qui = 属詞

C'est qui ? — C'est ma sœur.
Qui est-ce ?

qui = 目的補語

Vous aimez qui ? — J'aime votre sœur.
Qui aimez-vous?
Qui est-ce que vous aimez ?*

2） Que

que = 主語

Qu'est-ce qui se passe ?* — Un accident se passe.

que = 属詞

C'est quoi ? — C'est un briquet.
Qu'est-ce que c'est ?*

que = 目的補語

Vous avez quoi ? — J'ai un problème.
Qu'avez-vous ?
Qu'est-ce que vous avez ?*

3） まとめ

	ひと	もの
主語	qui qui est-ce qui	~~que~~ qu'est-ce qui
属詞	qui	que (quoi)
目的補語	qui est-ce que	qu'est-ce que

que が単独の主語につかえないことに注意しましょう。

*
C'est qui qui vient ?
Qui est-ce qui vient ?

*
C'est qui que vous aimez ?
Qui est-ce que vous aimez ?

*
C'est quoi qui se passe ?
Qu' est-ce qui se passe ?

se passer 起こる

*
C'est quoi que c'est ?
Qu' est-ce que c'est ?

*
C'est quoi que vous avez ?
Qu' est-ce que vous avez ?

4 疑問形容詞 Quel（なにの） ♪ 79

1） que の形容詞形である quel は、修飾する名詞に性数を一致させます。形容詞と同じように、名詞に直接修飾するばあいと、être などを介して主語に名詞を修飾するばあいがあります。

quel(s)
quelle(s) ＋ 名詞

Il a quel âge ?
Quel âge a-t-il ?
— Il a 20 ans.*

Tu aimes quelle couleur ?
Quelle couleur aimes-tu ?
— J'aime le rouge.

2） que の形容詞形である quel は、修飾する名詞に性数を一致させます。形容詞と同じように、名詞に直接修飾するばあいと、être などを介して主語に名詞を修飾するばあいがあります。

quel(s)
quelle(s) ＋ être ＋ 主語

Quelle est sa profession ?
— Il / Elle est journaliste.

5 疑問副詞 ♪ 80

疑問を表す副詞にはつぎのようなものがあります。 pourquoi 以外は、主語の名詞と同市を倒置するだけの単純倒置でも疑問文をつくれます。pourquoi は代名詞をもちいた複合倒置だけです。*

quand（いつ） depuis quand（いつから） où（どこ）
comment（どのように） d'où（どこから） combien（どれぐらい）
pourquoi（なぜ）

Il arrive quand ?
Quand arrive-t-il ?
Quand est-ce qu'il arrive ?*
— Il arrive à midi.

Son père arrive comment ?
Comment arrive son père ?
Comment son père arrive-t-il ?
Comment est-ce que son père arrive ?
— Il arrive en voiture.

* 20 以上の数はつぎのとおりです。
20 vingt
21 vingt et un
22 vingt-deux
23 vingt-trois
30 trente
31 trente et un
32 trente-deux
40 quarante
50 cinquante
60 soixante

*
Pourquoi | son père arrive-t-il? / est-ce que son père arrive?
— Parce qu'il veut voir son fils.

*
C'est quand qu'il arrive?
Quand est-ce qu'il arrive?

exercices

1 強調構文で下線を強調しましょう。

1. Jean étudie le japonais.
①　②

① C'est Jean (　　　) étudie le japonais.

② C'est le japonais (　　　) Jean étudie.

2. Il téléphone à ses parents tous les jours.*
①　②　③

① C'est lui (　　　) téléphone à ses parents tous les jours.

② C'est à ses parents (　　　)' il téléphone tous les jours.

③ C'est tous les jours (　　　)' il téléphone à ses parents.

* tous les jours 毎日

2 (　) 内に代名詞を入れて倒置疑問文をつくりましょう。

1. Il est beau ?

→ Est- (　　　) beau ?

2. Il n'est pas beau ?

→ N'est- (　　　) pas beau ?

3. C'est difficile ?

→ Est- (　　　) difficile ?

4. Ce n'est pas difficile ?

→ N'est- (　　　) pas difficile ?

5. Bernard est élégant ?

→ Bernard est- (　　　) élégant ?

→ Bernard n'est- (　　　) pas élégant ?

6. Elle a de l'argent ?

→ A-t- (　　　) de l'argent ?

→ N'a-t- (　　　) pas d'argent ?

exercices

7. Marie parle anglais ?

→ Marie parle-t- (　　　　　) anglais ?

→ Marie ne parle-t- (　　　　　) pas anglais ?

8. On va au café ?

→ Va-t- (　　　　　) au café ?

→ Ne va-t- (　　　　　) pas au café ?

9. Vous voulez du café ?

→ Voulez- (　　　　　) du café ?

10. On peut y aller ?

→ Peut- (　　　　　) y aller ?

3 (　) 内に適切な疑問形容詞をいれましょう。

1. Tu as (　　　　　) âge ? — 20 ans.

2. On est (　　　　　) jour ? — Jeudi.*

3. Il arrive à (　　　　　) heure ? — À 7 heures.

4. Elle aime (　　　　　) genre** de musique ? — Le jazz.

5. (　　　　　) heure est-il ? — Il est 8 heures.

6. (　　　　　) sont tes projets pour les vacances ? — Je vais en France.

* 曜日は以下のとおりです。
lundi 月
mardi 火
mercredi 水
jeudi 木
vendredi 金
samedi 土
dimanche 日

** genre
㊚ 種類、ジャンル

4 (　) 内に適切な疑問代名詞をいれましょう。

1. C'est (　　　　　) ? — Bernard.

2. Il habite avec (　　　　　) ? — Avec Anne.

3. (　　　　　) aimes-tu ? — J'aime Vincent.

4. (　　　　　) est-ce qui vient ce soir ? — C'est Bernard qui vient ce soir.

5. (　　　　　) est-ce que vous allez voir ? — Je vais voir Agnès.

6. C'est (　　　　　) ? — Un briquet.

7. (　　　　　) cherchez-vous ? — Je cherche un stylo.

8. (　　　　　)'est-ce que tu aimes comme sport ? — J'aime le tennis.

9. (　　　　　)'est-ce que c'est ?　　　— C'est un cahier.

10. Avec (　　　　　) viens-tu ?　　　— Je viens avec ma copine.

5 (　) 内に適切な疑問副詞をいれましょう。

1. Ils habitent (　　　　　) ?　　　— À Paris.
2. Ils viennent d'(　　　　　) ?　　　— De Nice.
3. Elle vient (　　　　　) ?　　　— Cet après-midi.
4. Elle travaille depuis (　　　　　) ? — Depuis 2017.
5. Elle va (　　　　　) ?　　　— Très bien.
6. Ça coûte (　　　　　) ?　　　— 5 euros.
7. Vous êtes (　　　　　) ?　　　— 3 personnes.
8. (　　　　　) Vincent travaille-t-il au Japon ?
　　　—Parce qu'il aime bien le Japon.

6 (　) 内に適切な疑問詞をいれましょう。

1. (　　　　　) jour sommes-nous ?　　　— Nous sommes mercredi.
2. (　　　　　) sport aimes-tu ?　　　— J'aime le tennis.
3. (　　　　　) est-ce ?　　　— C'est mon frère.
4. On mange avec (　　　　　) ?　　　— Avec des baguettes.*
5. (　　　　　) vient avec toi ?　　　— C'est Alain qui vient avec moi.
6. De (　　　　　) parle-t-on ?　　　— On parle de Molière.
7. (　　　　　) habites-tu ?　　　— J'habite à Lyon.
8. D'(　　　　　) viens-tu ?　　　— Je viens de Tokyo.
9. (　　　　　) arrive-t-il ?　　　— Il arrive cet après-midi.
10. Depuis (　　　　　) travaille Vincent ? — Il travaille depuis 2016.
11. (　　　　　) va ta sœur ?　　　— Elle va bien.
12. (　　　　　) coûte ton ordinateur ?　　　— Il coûte* 1000 euros.**
13. (　　　　　) de cours* as-tu le lundi ? — J'ai trois cours le lundi.

* On est le combien ?
　— Le 20.

* baguette
　㊛ 棒、バゲット、（複）箸

* coûter
　値段が～である

** 100, 200, 1000, 2000 は以下のようにいいます。
100 cent
200 deux cents
1000 mille
2000 deux mille

また「今年は 2019 年です」はつぎのようにいいます。
Nous sommes en deux mille dix-neuf.

* cours ㊚ 授業

C'était gratuit. 半過去

動詞の現在形を過去に置きかえると半過去（imparfait）になります。

1 つくり方 ♪ 81

語幹は現在形１人称複数の語幹をもちいます。語幹の例外は être ですが、語尾変化に例外はありません。

nous [chant] ons → je [chant] ais* / tu ais / il ait / ils aient　　nous [chant] ions / vous iez

nous [av] ons	→	j' [av] ais		nous [av] ions
nous [fais] ons	→	je [fais] ais		nous [fais] ions
nous [lis] ons	→	je [lis] ais		nous [lis] ions
例外）être**	→	j' [ét] ais		nous [ét] ions*

2 用法 ♪ 82

現在形とおなじように、半過去は状態・進行・習慣をあらわします。*　また多くの現在形がそうであるように、はじまりやおわりがはっきりしません。半過去の半とはそうした未完了であることをあらわしています。だから pendant（～している間）など、はじまりとおわりをはっきりとしめす語句といっしょに使えません。

Avant*, c'était gratuit.**（状態）

Nous regardions la télévision à ce moment-là.（進行）

Quand* il était petit, il lisait beaucoup.（習慣／状態）

Le train allait partir.（近接未来の過去）

Le train venait d'arriver.（近接過去の過去）

Que faisais-tu ?　— Je lisais.（行為の中断）

---

* 語尾の発音は以下のとおりです。
ais / ais / ait / aient [ɛ]
ions [jɔ̃]
iez [je]

** j'étais
tu étais
il était
ils étaient
nous étions
vous étiez

* Je danse.
おどっている（状態）
おどっているところ（進行）
おどるもの（習慣）
↓
Je dansais.
おどっていた（状態）
おどっていたところ（進行）
おどっていたものだった（習慣）

* avant 副 以前は
** gratuit 形 無償の

* quand 接 ～のとき（when）
quand j'étais petit(e) = dans mon enfance

exercices

1 半過去の語尾をいれましょう。

1. À cette époque-là*, j'aim(　　　　　) nager.
2. Hier tu attend(　　　　　) le bus là-bas.*
3. Quand il ét(　　　　　) étudiant, il lis(　　　　　) beaucoup.
4. Il y av(　　　　　) un café à cette époque-là.
5. Il fais(　　　　　) froid hier.*
6. Il ne pleuv(　　　　　) *pas à Londres.
7. Quand elle ét(　　　　　) petite, elle voul(　　　　　) devenir* chanteuse.
8. Vous vous couch(　　　　　) tôt dans votre enfance ?

   — Oui, je me couch(　　　　　) tôt à cette époque-là.
9. Vous vous voy(　　　　　) souvent ?

   — Oui, nous nous voy(　　　　　) souvent.
10. À cette époque, elles av(　　　　　) peur* de leurs parents.

* époque 女 時代

ce [cet, cette, ces]...-ci 副 この〜

ce [cet, cette, ces]...-là 副 その〜

* là-bas 副 あそこに

* hier 副 きのう

* pleuvoir → il pleut

* devenir なる (become)

* avoir peur de 〜を恐れる

2 (　) 内に適切な半過去の語尾をいれて、中断を表す表現をつくりましょう。

Qu'est-ce que tu faisais ?

1. — 本を読んでいました。

   Je lis(　　　　　).
2. — 寝ていました。

   Je dorm(　　　　　).
3. — 休んでいました。

   Je me repos(　　　　　).
4. — シャワーを浴びていました。

   Je me douch(　　　　　).
5. — 出かけるところでした。

   J'al(　　　　　) partir.

se reposer 休む

exercices

3 半過去になおしましょう。

1. J'habite à Osaka.

   → ....

2. J'écoute du rock.

   → ....

3. Nous faisons du sport.

   → ....

4. Il aime Chloé.

   → ....

4 例にならって、（　）内に適切な半過去の動詞をいれましょう。

例）Avant c'était gratuit.
Maintenant c'est cher.

1. Avant il y (　　　　　　　　) des arbres.
   Maintenant il n'y a plus d'arbres.

2. Avant je (　　　　　　　　) la télévision.
   Maintenant je ne la regarde plus.

3. Avant tu (　　　　　　　　) *beaucoup.
   Maintenant tu ne bois plus beaucoup.

4. Avant il (　　　　　　　　) timide.
   Maintenant il est plutôt actif.

5. Avant vous (　　　　　　　　) à Paris.
   Maintenant vous habitez où ?

6. Avant nous (　　　　　　　　) beaucoup.
   Maintenant nous ne lisons plus beaucoup.

ne ～ plus
もう～ない

* boire の半過去の語幹は
nous [buv]ons
となるので、buv です。

timide ㊝ 内気な

7. Avant elles (   ) à la montagne.

   Maintenant ells vont à la mer.

8. Avant ils (   ) souvent chez moi.

   Maintenant ils ne viennent plus.

9. Avant on (   ) du jogging tous les jours.

   Maintenant j'en fais une fois par semaine.

une fois par semaine
週に一度

Tu as vu ? 複合過去

avoir や être と過去分詞をくみあわせると完了した行為や状態をあらわします。複合過去（passé composé）とは、そうした複合形（avoir や être とのくみあわせ）をもちいて、過去におけるはじめとおわりがはっきりしている行為や状態をあらわすことです。

1 つくり方

1） すべての他動詞と大部分の自動詞 ♪ 83
→ avoir ＋ 過去分詞

j'ai je n'ai pas	＋ chanté

*

過去分詞のつくり方

er → é ：chanter → chanté
ir → i ：finir → fini

être → été
avoir → eu [y]

prendre → pris
mettre → mis

faire → fait
dire → dit
écrire → écrit

pouvoir → pu
vouloir → voulu
devoir → dû

voir → vu
boire → bu
lire → lu
attendre → attendu

2） 移動をあらわす特定の自動詞 ♪ 84
→ être ＋ 過去分詞（主語にあわせて e / s / es）

je suis je ne suis pas	＋ allé(e)

*

おもな過去分詞

aller → allé
venir → venu

mourir → mort
naître → né

partir → parti
arriver → arrivé

sortir → sorti
rentrer → rentré

monter → monté
descendre → descendu

rester → resté
tomber → tombé

* avoir の活用を復習しておきましょう。
j'ai
tu as
il / elle / on } a
nous avons
vous avez
ils / elles } ont

je n'ai pas
tu n'as pas
il / elle / on } n'a pas
nous n'avons pas
vous n'avez pas
ils / elles } n'ont pas

* être の活用を復習しておきましょう。
je suis
tu es
il / elle / on } est
nous sommes
vous êtes
ils / elles } sont

je ne suis pas
tu n'es pas
il / elle / on } n'est pas
nous ne sommes pas
vous n'êtes pas
ils / elles } ne sont pas

être + **過去分詞（移動）**

主語にあわせて過去分詞を性数一致させます。

Elles sont arrivées à l'heure.

3）代名動詞 ♪ 85

→ **se** + **être** + **過去分詞（直接目的補語の se にあわせて e / s / es）**

je me suis je ne me suis pas	+ levé(e)

*

se + **être** + **過去分詞（代名動詞）**

直接目的補語にあわせて過去分詞を性数一致させます。

間接目的補語にはあわせません。

Elle s'est blessée.*

Elle s'est blessé le doigt.

2 用法 ♪ 86

もともと完了形ですから、過去におけるはじめやおわりがはっきりしている行為や状態をあらわします。だから **pendant**（～している間）などで期間をしめせます。はじめやおわりがはっきりしない半過去との対比に注意しましょう。

Vous avez déjà choisi ?

— Non, je n'ai pas encore choisi.（完了）

Avez-vous jamais été à Paris ?

— Oui, j'y ai habité pendant 3 ans.（経験）

Qu'est-ce qui s'est passé ?

— Il y a eu un accident.（過去のできごと）

* se と être のくみあわせをおぼえましょう。

je me suis
tu t'es
il / elle / on } s'est
nous nous sommes
vous vous êtes
ils / elles } se sont

je ne me suis pas
tu ne t'es pas
il / elle / on } ne s'est pas
nous ne nous sommes pas
vous ne vous êtes pas
ils / elles } ne se sont pas

* se blesser
けがをする

se blesser + 定冠詞 +体の一部
体の一部をけがする

exercices

* déménager 引っ越す

* déprimé 形 衰弱した →気分がおちこんだ

* en (pleine) forme 元気な

* (ne ~) pas du tout 全然~ない

* sonner 鳴る

* 半過去 quand 複合過去 / quand 複合過去, 半過去

* augmenter 動 上げる

** prix 男 値段

1 (　) 内の動詞を過去分詞にして、複合過去の文章をつくりましょう。

1. Avant j'habitais à Paris.
   Mais j'ai (déménager → 　　　　　　) *.
   Maintenant j'habite à Lyon.
2. Avant il était un peu déprimé*.
   Mais il a (prendre → 　　　　　　) des vacances.
   Maintenant il est en pleine forme*.
3. Avant elle buvait beaucoup.
   Mais elle (avoir → 　　　　　　) un accident.
   Maintenant elle ne boit pas du tout*.
4. Je lisais quand le téléphone a (sonner → 　　　　　　) *.
5. Quand je suis (rentrer → 　　　　　　) , mon père dormait*.
6. Nous attendions le bus quand il est (venir → 　　　　　　) avec elle.
7. Quand elle est (arriver → 　　　　　　) , il pleuvait à Londres.
8. Ce n'était pas cher ?
   — Si. Ils ont (augmener → 　　　　　　)* le prix**.
9. À ce moment-là, vous regardiez la télévision ?
   — Oui, j'ai (　　　　　　) la télévision.
10. Il y a 2 ans, ils habitaient à Paris ?
    — Oui, ils ont (　　　　　　) à Paris pendant 3 ans.

2 (　) 内に s / e / es をいれて、複合過去の過去分詞を一致させましょう。

1. Ma sœur est né(　) en 2000.
2. Ma grand-mère est mort(　) l'année dernière.
3. Mes frères ont mangé(　) des pâtes hier soir.
4. Sophie et Anne sont allé(　) à Marseille cet été.
5. Sophie et Vincent sont venu(　) chez moi très tard.
6. Cette lettre est arrivé(　) il y a trois jours.
7. Mes parents sont resté(　) une semaine chez leurs amis à Montréal.
8. Mon amie est parti(　) en Afrique avec un autre homme.

3 [　] 内の動詞を適切に活用しましょう。

例）[finir]　Robert, tu（ es ）（ allé ）au cinéma ?
— Oui, j'y（ suis ）（ allé ）.

1. [finir]　Il（　　）（　　）ses devoirs ?
— Oui, il（　　）（　　）ses devoirs.

2. [finir]　Tu（　　）（　　）tes devoirs ?
— Non, je n'(　　）pas encore（　　）mes devoirs.

3. [avoir]　Il y（　　）（　　）un accident hier soir ?
— Non, il n'y（　　）pas（　　）d'accident ce week-end.

4. [pouvoir]　Elles（　　）（　　）venir ?
— Non, elles n'(　　）pas（　　）venir.

5. [venir]　Elle（　　）（　　）chez toi ?
— Non, elle n'(　　）pas（　　）chez moi.

6. [être]　(　　)-vous（　　）à Paris ?
— Oui, j'y（　　）（　　）deux fois.

7. [rester] [sortir]　Elles（　　）（　　）à la maison ?
— Non, elles（　　）（　　）.

8. [s'amuser]
Mesdames, vous（　　）（　　）bien（　　）?
— Oui, nous（　　）（　　）bien（　　）!

4 [　] 内の動詞を複合過去にして、以下の文を完成させましょう。

1. [se lever]　Vincent, tu（　　）tôt ce matin ?
— Oui, je（　　）à 6 heures.

2. [se coucher]　Elle（　　）tard hier ?
— Non, elle（　　）tard hier.

3. [se passer] [tomber]　Qu'est-ce qui（　　）?
— Elle（　　）dans la rue.

4. [se blesser]　Elle（　　）.

5. [se blesser]　Elle（　　）la jambe.

6. [se laver]　Elle（　　）.

7. [se laver]　Elle（　　）les mains.

On verra ! 単純未来

* 現在と地つづきの未来は現在形や近接未来であらわします。

単純未来（futur simple）は現在から切りはなされた未来をあらわします。* 単純とは近接未来（aller + 動詞）のようにほかの語とくみあわせるのではなく、ただ語尾が変化するだけであるという意味です。

1 つくり方

語尾

つぎのように語尾は avoir にもとづいています。例外はありません。

— rai	— rons
— ras	— rez
— ra	— ront

語幹 ♪ 87

1） er 動詞の大部分は直説法現在形の 1 人称単数形が語幹になります。danser のばあいは je danse の danse が語幹となりつぎのように語尾をつけます。*

danser

je danserai	nous danserons
tu danseras	vous danserez
il dansera	ils danseront

♪ 88
* 変則的な er 動詞のばあいも 1 人称単数が語幹となります。
appeler
j'appelle → j'appellerai ...
lever
je lève → je lèverai ...
nettoyer
je nettoie → je nettoierai ...
payer
je paie → je paierai ...

2） ir でおわる動詞は語末の r をとったものが語幹になります。

finir → fini → je finirai ...

3） re でおわる多くの動詞は re をとったものが語幹になります。*

dire → di → je dirai...

* boire
boi → je boirai ...
croire
croi → je croirai ...
mettre
mett → je mettrai ...
prendre
prend → je prendrai ...
répondre
répond → je répondrai ...

4） その他

つぎのような動詞は特別なかたちの語幹になります。

{ avoir → au → j'aurai ...
  être → se → je serai ...

{ aller → i → j'irai ...
  faire → fe → je ferai ...

{ tenir → tiend → je tiendrai ...
  venir → viend → je viendrai ...

{ voir → ver → je verrai ...
  envoyer → enver → j'enverrai ...

devoir	→ dev	→ je devrai ...
recevoir	→ recev	→ je recevrai ...
pleuvoir	→ pleuv	→ il pleuvra ...

pouvoir	→ pour	→ je pourrai ...
vouloir	→ voud	→ je voudrai ...
falloir	→ faud	→ il faudra

2 用法 ♪ 89

未来の出来事や動作・状態の推測をあらわしたり、命令の語気をやわらげたりします。また、quand（～のとき）のあとでは未来形を使えますが、si（もし）のあとでは未来のことも現在形をもちいます。

Il rentrera dans une semaine.*

Je partirai demain.

Vous prendrez la rue à gauche.**

Je serai contente quand tu viendras chez moi.***

* 予定は現在でもあらわせます。
Il rentre demain.

** Prenez la première rue à gauche.

*** Je serai contente si tu viens chez moi.

3 過去・現在・未来をしめす表現 ♪ 90

hier ―――― aujourd'hui ―――― demain

hier	matin après-midi soir	ce matin cet après-midi ce soir	demain	matin après-midi soir

avant-hier	après-demain
il y a trois jours	dans trois jours
la semaine dernière*	la semaine prochaine**

* dernier (dernière) 形 この前の

** prochain(e) 形 次の

exercices

1 適切な活用を選びましょう。

1. Je danserа / danserai demain.
2. Tu m'appelleras / appellera demain soir ?
3. Elle rentreras / rentrera dans un mois.*
4. Nous n'arriverons / arriveront pas à l'heure.**
5. Vous vous lèvera / lèverez tôt demain matin.
6. Ils s'aimerons / s'aimeront toujours.

* mois 男 (暦の) 月

** à l'heure 時間どおりに

2 （　）に語尾をいれて未来形をつくりましょう。

1. J'au(　　　　　) beaucoup de choses à faire demain.*
2. Nous se(　　　　　) fatigués après ce travail.
3. Tu i(　　　　　) bientôt** aux États-Unis.
4. Il fe(　　　　　) beau demain.
5. Vous viend(　　　　　) la semaine prochaine.
6. On ver(　　　　　).
7. Ils m'enver(　　　　　) un cadeau par avion.***
8. Je recev(　　　　　) ce cadeau dans trois jours.
9. Vous pour(　　　　　) lire un peu.
10. Il pleuv(　　　　　) demain.

* avoir + 名詞 + à + 動詞 〜(動詞)すべき〜(名詞)がある ＝ 〜をしなくてはならない

** bientôt 副 すぐに、まもなく

*** avion 男 飛行機 par avion 航空便で

3 以下の文章の下線部を単純未来形にして（　）内に書き、単純未来形を用いた文章に書きかえましょう。

1. Je suis à Paris le mois prochain.
   → Je （　　　　　　　　） probablement à Paris.
2. Le train part dans 10 minutes.
   → Le train （　　　　　　　　） peut-être* dans 10 minutes.

* peut-être 副 かもしれない

3. Elle va rentrer tout de suite.*

→ Elle (　　　　　　　　　　) la semaine prochaine.

4. Ils vont payer tout de suite.

→ Ils (　　　　　　　　　　) en fin de semaine.

5. N'oublie pas de fermer la porte.

→ Tu n' (　　　　　　　　　　) pas de fermer la porte.

6. Faites ce que vous voulez faire.

→ Vous (　　　　　　　　　　) ce que vous voulez faire.

* tout de suite すぐに

4 (　) 内の動詞を単純未来形にしましょう。

1. S'il fait beau demain, j' (aller → 　　　　　　　　) à la plage.*
   = Quand il (faire → 　　　　　　　　) beau demain,
   j' (aller → 　　　　　　　　) à la plage.

2. Si tu as du temps, tu (pouvoir → 　　　　　　　　) lire un peu.
   = Quand tu (avoir → 　　　　　　　　) du temps,
   tu (pouvoir → 　　　　　　　　) lire un peu.

3. Si elle vient cet été, vous (être → 　　　　　　　　) contents.
   = Quand elle (venir → 　　　　　　　　) cet été,
   vous (être → 　　　　　　　　) contents.

4. On (être → 　　　　　　　　) fatigués si on arrive tard.
   = On (être → 　　　　　　　　) fatigués
   quand on (arriver → 　　　　　　　　) tard.

* plage ㊛ 海辺、海水浴場

Si j'étais riche... 条件法（現在）

条件法現在は語幹が未来で語尾が半過去です。過去における未来をあらわしますが、現実とはことなる仮定にたいする帰結をしめす動詞も条件法現在になります。

1 つくり方 ♪ 91

単純未来の語幹に rais…のように r + 半過去の語尾 をつけます。半過去と同じように語尾に例外はありません。

— rais	— rions
— rais	— riez
— rait	
— raient	

chanter

je chanterais	nous chanterions
tu chanterais	vous chanteriez
il chanterait	
ils chanteraient	

réussir → je réussirais...
prendre → je prendrais...

特別な語幹も単純未来とおなじです。

être → je serais
faire → je ferais
avoir → j'aurais
savoir → je saurais

aller → j'irais...
venir → je viendrais...

pouvoir → je pourrais...
vouloir → je voudrais...
devoir → je devrais...
falloir → il faudrait...

2 用法 ♪ 92

a） 過去における未来 *

Il dit que je chanterai.
→ Il a dit que je chanterais.

On dit qu'il fera chaud.
→ On a dit qu'il ferait chaud.

* 過去における現在は半過去であらわします。

Il dit que je chante.
→ Il a dit que je chantais.

b） 現在の事実とはことなる仮想の帰結

S'il faisait beau aujourd'hui, j'irais à la plage.*

S'il pleuvait aujourd'hui, je resterais chez moi.

Si j'avais beaucoup d'argent, je t'achèterais un appartement à Monaco.

Si tu avais plus de temps, nous pourrions visiter Toulouse en voiture.

S'il était plus jeune, il partirait au Canada pour changer sa vie.

À ta place, je partirais.

* si（もし）のあとの現在の事実とはことなる仮想は半過去であらわし、その帰結を条件法現在でしめします。未来についてのたんなる仮定は、si のあとに現在形の動詞をもちいて、その帰結は単純未来形でしめします。

S'il fait beau demain, j'irai à la plage.

c） ていねいな表現

Je voudrais parler à Monsieur Lupin.

J'aimerais acheter ce pantalon.

Vous devriez acheter votre billet.

Il faudrait partir tout de suite.

Pourriez-vous m'aider ?

exercices

1 （　）内の適切な語をえらんで、現在の事実とはことなる仮想とその帰結をあらわしましょう。

1. S'il（fait / faisait）beau aujourd'hui, je（sortirai / sortirais）.
2. Si j'(avais / ai）les vacances, j'(irais / irai）à Paris.
3. Si tu（es / étais）riche, tu（pourras / pourrais）acheter une maison.
4. Si nous（habitions / habitons）à la campagne, nous（aurions / aurons）un chien.
5. Si vous（faites / faisiez）des efforts, vous（réussirez / réussiriez）à l'examen.
6. S'ils（sont / étaient）jeunes, ils（iront / iraient）plus loin.
7. Que（feriez / faites）-vous si vous（aviez / avez）plus de temps ?

2 （　）内に条件法現在の語尾をいれて、過去における未来をあらわしましょう。

1. Il dit que je chanterai.
   → Il a dit que je chante(　　　　　）.
2. Il dit que tu réussiras.
   → Il a dit que tu réussir(　　　　　）.
3. Il dit qu'elle prendra froid.*
   → Il a dit qu'elle prendr(　　　　　）froid.
4. Il dit que nous serons contents.
   → Il a dit que nous ser(　　　　　）contents.
5. Il dit que vous ferez du sport.
   → Il a dit que vous fer(　　　　　）du sport.
6. Il dit qu'elles auront faim.
   → Il a dit qu'elles aur(　　　　　）faim.

* prendre froid
かぜをひく

3 A と B の表現をくみあわせていろいろな文をつくってみましょう。

例）Je voudrais étudier davantage.
A B

A :	B :
Je voudrais	aller à la plage
J'aimerais	rester à la maison
Vous devriez	étudier davantage*
Il faudrait	venir tout de suite
	être gentil avec eux

* davantage
副 よりいっそう

4 （ ）内の動詞を条件法現在形にして文章を完成しましょう。

1. S'il avait plus de temps, il（pouvoir → ）réussir à l'examen.
2. Si je n'habitais pas chez mes parents, je（faire → ）la cuisine tous les jours.
3. S'il ne faisait pas beau, on（rester → ）chez nous et on（regarder → ）un film sur Internet.
4. À ta place, je ne（rester → ）pas.
5. À votre place, je（venir → ）à la gare.
6. Sans toi, je ne（sortir → ）pas.

Il faut que je parte. 接続法（現在）

条件法は事実とはことなる想定の帰結をあらわす動詞のかたちでした。それにたいして、接続法は事実が本当かどうかについては問題にしない表現の中で使われる動詞のかたちです。おもに接続詞の que（〜という）のあとであらわれます。

1 つくり方 ♪ 93

語幹は ils と nous の現在形からつくり、つぎのような語尾で活用します。*

* nous と vous で半過去と同じになります。また er 動詞では je / tu / il / ils で直説法現在と同じになります。

— e	— ions
— es	— iez
— e	
— ent	

ils vienn-ent → je vienne / tu viennes / il vienne / ils viennent

nous ven-ons → nous venions / vous veniez

例外には以下のような動詞があります。

avoir ♪ 94

j'aie*	nous ayons**
tu aies	vous ayez
il ait	
ils aient	

* aie / aies / ait / aient = [ɛ]
** ayons [ɛjɔ̃] ayez [ɛje]

être

je sois*	nous soyons**
tu sois	vous soyez
il soit	
ils soient	

* sois / sois / soit / soient = [swa]
** soyons [swajɔ̃] soyez [swaje]

aller ♪ 95

j'aille*	nous allions**
tu ailles	vous alliez
il aille	
ils aillent	

* aille / ailles / aille/ aillent = [aj]
** nous と vous は半過去と同じです。

vouloir*

je veuille*	nous voulions**
tu veuilles	vous vouliez
il veuille	
ils veuillent	

* veuille / veuilles / veuille / veuillent = [vœj]
** nous と vous は半過去と同じです。

faire / pouvoir / savoir* ♪ 96

je fasse	nous fassions
tu fasses	vous fassiez
il fasse	
ils fassent	

je puisse ..., je sache ...

* nous と vous でも同じ語幹です。半過去と同じになりません。

2 用法 ♪ 97

事実であるかどうかの真偽を問わないことから、意志や感情、譲歩や目的などをしめす表現で que のあとでもちいられます。また、関係節でも、たんなる可能性にすぎないばあいや、先行詞が唯一のものの場合には接続法をもちいます。

Je voudrais que tu sois gentil avec ta mère.

Il faut que tu prennes ce médicament.

Nous sommes contents qu'il vienne nous voir.

Il est normal qu'elle soit fâchée contre lui.

Je ne suis pas sûr que ce magasin soit ouvert jusqu'à 8 heures.

Bien que je ne veuille pas nager, il a déjà décidé d'aller à la mer avec moi.

Je ferai tout pour que vous puissiez continuer vos études.

Partons avant que la police vienne.

Je cherche une personne qui puisse parler japonais.

L'homme est le seul animal qui sache rire.

Où que tu ailles, tu seras heureux.

exercices

1 Il faut をつけて、接続法の動詞をえらびましょう。

1. que je（pars / parte）.
2. que tu（es / sois）gentil.
3. qu'il（aille / va）chez le coiffeur*.
4. que nous（arrivions / arrivons）à l'heure.
5. que vous（faites / fassiez）de votre mieux*.
6. qu'elles（viennent / venaient）avec eux.

* aller chez le coiffeur 理髪店に行く

* faire de son mieux 最善をつくす

2（　）内の動詞を接続法に活用させましょう。

1. Il faut que nous（partir →　　　　　　　）.
2. Il faudrait que vous（être →　　　　　　　）gentil avec eux.
3. Je voudrais que tu（faire →　　　　　　　）ce travail.
4. J'aimerais qu'il（venir →　　　　　　　）demain.
5. Je travaille bien que je ne le（vouloir →　　　　　　　）pas.
6. Pour que vous（arriver →　　　　　　　）à l'heure, il faut partir tout de suite.
7. Rentrons avant que la nuit（tomber →　　　　　　　）.
8. Je cherche quelqu'un qui（pouvoir →　　　　　　　）m'aider.
9. L'homme est le seul animal qui（savoir →　　　　　　　）qu'il va mourir.
10. Où que j'(aller →　　　　　　　), je serai content.

3 日本語にあわせて（　）に bien / pour / avant をいれましょう。

1. (　　　　　　　) que ce soit difficile, je vais essayer.
   むずかしいかもしれないけれど、やってみます。
2. (　　　　　　　) qu'il fasse nuit, je rentre chez moi.
   暗くなるまえに、家に帰ります。

3. Il travaille (   ) qu'il soit fatigué.
彼は疲れているのに働いている。

4. Je ferai tout (   ) qu'elle soit heureuse.
彼女がしあわせになるためなら何でもします。

5. Je vous téléphonerai (   ) que vous partiez.
あなたが出発するまえに、電話します。

4 日本語の意味にあわせて、(　)内にふさわしい動詞を書き入れて文章を完成しましょう。

1. J'aimerais que mon mari (   ) la cuisine tous les jours.
夫に毎日料理をしてほしい。

2. Elle est très contente que tu (   ) en France.
君がフランスに来るのを彼女はとてもうれしく思っている。

3. Pour qu'on (   ) dîner ensemble, je pars tout de suite.
いっしょに夕食ができるように、私はすぐに出発します。

4. Il faut que vous (   ) à 6 heures demain matin.
あなたたちは明日の朝6時に起きなくてはならない。

5. Avant que ce (   ) trop tard, je téléphonerai à mon amie.
手遅れになるまえに、彼女に電話します。

Après avoir fini... 複合時制、補語人称代名詞のくみ合わせ

複合時制（temps composé）とは、ある時点以前に完了した行為や状態をあらわす動詞のかたちです。

1 複合時制のつくり方

avoir être	＋ 過去分詞

avoir / être を現在・半過去・未来・条件法・接続法にすることで、それぞれ複合過去（le passé composé）・大過去（le plus-que-parfait）・前未来（futur antérieur）・条件法過去（le conditionnel passé）・接続法過去（le subjonctif passé）になります。「être＋過去分詞」のばあいは、過去分詞に性数一致（e, s, es）がおきます。

avoir chanté →	j'ai chanté	複合過去
	j'avais chanté	大過去
	j'aurai chanté	前未来
	j'aurais chanté	条件法過去
	j'aie chanté	接続法過去

être arrivé →	je suis arrivé(e, s, es)	複合過去
	j'étais arrivé(e, s, es)	大過去
	je serai arrivé(e, s, es)	前未来
	je serais arrivé(e, s, es)	条件法過去
	je sois arrivé(e, s, es)	接続法過去

2 用法

1） 不定詞の複合形はもっぱら前置詞とともにもちいられます。

Après avoir déjeuné, elle est sortie.

2） 大過去は過去のある時点以前に完了した行為や状態をあらわします。

Quand il est arrivé, l'avion était déjà parti.

3） 前未来は未来のある時点以前に完了した行為や状態をあらわします。

Quand tu rentreras, j'aurai fini le travail.

4) 条件法過去は〈si ＋大過去, 条件法現在〉で過去における事実とはことなる想定をあらわします。

S'il avait fait beau hier, je serais allé(e) à la plage.

5) 接続法過去は、接続法がもとめられる表現における完了をあらわします。

Je suis content(e) qu'il soit arrivé à l'heure.

3 補語人称代名詞のくみ合わせ

２つの補語人称代名詞はつぎのようにくみ合わせます。３つ以上をもちいることはできません。

a)

me te nous vous	＋	le la les	＋	動詞

Vous me donnez ce cadeau ?
— Oui, je vous le donne.
— Non, je ne vous le donne pas.

b)

le la les	＋	lui leur	＋	動詞

Vous donnez ce cadeau à Pierre ?
— Oui, je le lui donne.
— Non, je ne le lui donne pas.

nous と vous はいつもとおなじです。je, me, te, le, la はエリジヨンします。

		強勢形	主語	直接目的	間接目的
単数	１人称	moi	je	me	me
	２人称	toi	tu	te	te
	３人称	lui	il	te	lui
		elle	elle	la	lui
複数	１人称	nous	nous	nous	nous
	２人称	vous	vous	vous	vous
	３人称	eux	ils	les	leur
		elles	elles	les	leur

exercices

1 （　）内の avoir / être を適切にえらびましょう。

1. Après（avoir / être）dîné, je suis sorti.
2. Après（avoir / être）arrivé, il a commencé à travailler.
3. Après（avoir / être）cherché deux heures, il a trouvé sa montre.
4. Après m'(avoir / être）douché, je me suis couché.

2 日本語にあわせて（　）内の適切な語をえらびましょう。

1. 彼女が到着したときは、電車はもう出ていた。
   Quand elle est arrivée, le train（est / était）déjà parti.
2. 彼女が到着するときには、電車はもう出てしまっているだろう。
   Quand elle arrivera, le train（sera / est）déjà parti.
3. 決心したら、電話してください。
   Vous me téléphonerez, quand vous（avez / aurez）décidé.
4. 私たちは研修を終えたら試験をうけます。
   Nous passerons l'examen quand nous（avons / aurons）fini le stage.
5. 今日、天気がよければ海水浴にいくのに。
   S'il faisait beau aujourd'hui, j'(irai / irais）à la plage.
6. 昨日、天気がよかったら、海水浴にいったのに。
   S'il avait fait beau hier, je（suis / serais）allé à la plage.
7. 彼女にもっとお金があれば、パリにいくのに。
   Si elle avait plus d'argent, elle（partira / partirait）à Paris.
8. 彼女にもっとお金があったならば、パリにいったのに。
   Si elle avait eu plus d'argent, elle（serait / était）partie à Paris.
9. もっと勉強すべきだった。
   J'(aurais / avais）dû* travailler davantage.
10. 彼は彼女がもう来ているといった。
   Il a dit qu'elle（est / était）déjà venue.
11. 私は彼女が来てくれてうれしい。
   Je suis content(e) qu'elle（est / soit）venue.

* dû は devoir の過去分詞

③ 下線分を補語人称代名詞にかえて（　）にいれましょう。

1. Je donne ce cadeau à Pierre.
   → Je（ le ）（ lui ）donne.
   → Je ne（　　）（　　）donne pas.
   → Je vais（　　）（　　）donner.
   → Je ne vais pas（　　）（　　）donner.
2. Elle montre cette photo à ses amis.
   → Elle（　　）（　　）montre.
3. Je présente Marie à mes parents.
   → Je（　　）（　　）présente.
4. Je pose cette question à mon professeur.
   → Je（　　）（　　）pose.
5. Je pose des questions à mon professeur.
   → J'（　　）（　　）pose.

動詞変化表

I. aimer
II. arriver
III. être aimé(e)(s)
IV. se lever

1. avoir
2. être
3. parler
4. placer
5. manger
6. acheter
7. appeler
8. préférer
9. employer
10. envoyer
11. aller
12. finir
13. partir
14. courir
15. fuir
16. mourir
17. venir
18. ouvrir
19. rendre
20. mettre
21. battre
22. suivre
23. vivre
24. écrire
25. connaître
26. naître
27. conduire
28. suffire
29. lire
30. plaire
31. dire
32. faire
33. rire
34. croire
35. craindre
36. prendre
37. boire
38. voir
39. asseoir
40. recevoir
41. devoir
42. pouvoir
43. vouloir
44. savoir
45. valoir
46. falloir
47. pleuvoir

不定形・分詞形	直説法		
	現在	半過去	単純過去
I. aimer aimant aimé ayant aimé （助動詞 avoir）	j' aime tu aimes il aime nous aimons vous aimez ils aiment	j' aimais tu aimais il aimait nous aimions vous aimiez ils aimaient	j' aimai tu aimas il aima nous aimâmes vous aimâtes ils aimèrent
命令法	複合過去	大過去	前過去
aime aimons aimez	j' ai aimé tu as aimé il a aimé nous avons aimé vous avez aimé ils ont aimé	j' avais aimé tu avais aimé il avait aimé nous avions aimé vous aviez aimé ils avaient aimé	j' eus aimé tu eus aimé il eut aimé nous eûmes aimé vous eûtes aimé ils eurent aimé
	複合過去	大過去	前過去
II. arriver arrivant arrivé étant arrivé(e)(s) （助動詞 être）	je suis arrivé(e) tu es arrivé(e) il est arrivé elle est arrivée nous sommes arrivé(e)s vous êtes arrivé(e)(s) ils sont arrivés elles sont arrivées	j' étais arrivé(e) tu étais arrivé(e) il était arrivé elle était arrivée nous étions arrivé(e)s vous étiez arrivé(e)(s) ils étaient arrivés elles étaient arrivées	je fus arrivé(e) tu fus arrivé(e) il fut arrivé elle fut arrivée nous fûmes arrivé(e)s vous fûtes arrivé(e)(s) ils furent arrivés elles furent arrivées
	現在	半過去	単純過去
III. être aimé(e)(s) 受動態 étant aimé(e)(s) ayant été aimé(e)(s)	je suis aimé(e) tu es aimé(e) il est aimé elle est aimée n. sommes aimé(e)s v. êtes aimé(e)(s) ils sont aimés elles sont aimées	j' étais aimé(e) tu étais aimé(e) il était aimé elle était aimée n. étions aimé(e)s v. étiez aimé(e)(s) ils étaient aimés elles étaient aimées	je fus aimé(e) tu fus aimé(e) il fut aimé elle fut aimé e n. fûmes aimé(e)s v. fûtes aimé(e)(s) ils furent aimés elles furent aimées
命令法	複合過去	大過去	前過去
sois aimé(e) soyons aimé(e)s soyez aimé(e)(s)	j' ai été aimé(e) tu as été aimé(e) il a été aimé elle a été aimée n. avons été aimé(e)s v. avez été aimé(e)(s) ils ont été aimés elles ont été aimées	j' avais été aimé(e) tu avais été aimé(e) il avait été aimé elle avait été aimée n. avions été aimé(e)s v. aviez été aimé(e)(s) ils avaient été aimés elles avaient été aimées	j' eus été aimé(e) tu eus été aimé(e) il eut été aimé elle eut été aimée n. eûmes été aimé(e)s v. eûtes été aimé(e)(s) ils eurent été aimés elles eurent été aimées
	現在	半過去	単純過去
IV. se lever 代名動詞 se levant s'étant levé(e)(s)	je me lève tu te lèves il se lève n. n. levons v. v. levez ils se lèvent	je me levais tu te levais il se levait n. n. levions v. v. leviez ils se levaient	je me levai tu te levas il se leva n. n. levâmes v. v. levâtes ils se levèrent
命令法	複合過去	大過去	前過去
lève-toi levons-nous levez-vous	je me suis levé(e) tu t' es levé(e) il s' est levé elle s' est levée n. n. sommes levé(e)s v. v. êtes levé(e)(s) ils se sont levés elles se sont levées	j' m' étais levé(e) tu t' étais levé(e) il s' était levé elle s' était levée n. n. étions levé(e)s v. v. étiez levé(e)(s) ils s' étaient levés elles s' étaient levées	je me fus levé(e) tu te fus levé(e) il se fut levé elle se fut levée n. n. fûmes levé(e)s v. v. fûtes levé(e)(s) ils se furent levés elles se furent levées

直説法	条件法	接続法	
単純未来	現在	現在	半過去
j' aimerai	j' aimerais	j' aime	j' aimasse
tu aimeras	tu aimerais	tu aimes	tu aimasses
il aimera	il aimerait	il aime	il aimât
nous aimerons	nous aimerions	nous aimions	nous aimassions
vous aimerez	vous aimeriez	vous aimiez	vous aimassiez
ils aimeront	ils aimeraient	ils aiment	ils aimassent
前未来	過去	過去	大過去
j' aurai aimé	j' aurais aimé	j' aie aimé	j' eusse aimé
tu auras aimé	tu aurais aimé	tu aies aimé	tu eusses aimé
il aura aimé	il aurait aimé	il ait aimé	il eût aimé
nous aurons aimé	nous aurions aimé	nous ayons aimé	nous eussions aimé
vous aurez aimé	vous auriez aimé	vous ayez aimé	vous eussiez aimé
ils auront aimé	ils auraient aimé	ils aient aimé	ils eussent aimé
前未来	過去	過去	大過去
je serai arrivé(e)	je serais arrivé(e)	je sois arrivé(e)	je fusse arrivé(e)
tu seras arrivé(e)	tu serais arrivé(e)	tu sois arrivé(e)	tu fusses arrivé(e)
il sera arrivé	il serait arrivé	il soit arrivé	il fût arrivé
elle sera arrivée	elle serait arrivée	elle soit arrivée	elle fût arrivée
nous serons arrivé(e)s	nous serions arrivé(e)s	nous soyons arrivé(e)s	nous fussions arrivé(e)s
vous serez arrivé(e)(s)	vous seriez arrivé(e)(s)	vous soyez arrivé(e)(s)	vous fussiez arrivé(e)(s)
ils seront arrivés	ils seraient arrivés	ils soient arrivés	ils fussent arrivés
elles seront arrivées	elles seraient arrivées	elles soient arrivées	elles fussent arrivées
単純未来	現在	現在	半過去
je serai aimé(e)	je serais aimé(e)	je sois aimé(e)	je fusse aimé(e)
tu seras aimé(e)	tu serais aimé(e)	tu sois aimé(e)	tu fusses aimé(e)
il sera aimé	il serait aimé	il soit aimé	il fût aimé
elle sera aimée	elle serait aimée	elle soit aimée	elle fût aimée
n. serons aimé(e)s	n. serions aimé(e)s	n. soyons aimé(e)s	n. fussions aimé(e)s
v. serez aimé(e)(s)	v. seriez aimé(e)(s)	v. soyez aimé(e)(s)	v. fussiez aimé(e)(s)
ils seront aimés	ils seraient aimés	ils soient aimés	ils fussent aimés
elles seront aimées	elles seraient aimées	elles soient aimées	elles fussent aimées
前未来	過去	過去	大過去
j' aurai été aimé(e)	j' aurais été aimé(e)	j' aie été aimé(e)	j' eusse été aimé(e)
tu auras été aimé(e)	tu aurais été aimé(e)	tu aies été aimé(e)	tu eusses été aimé(e)
il aura été aimé	il aurait été aimé	il ait été aimé	il eût été aimé
elle aura été aimée	elle aurait été aimée	elle ait été aimée	elle eût été aimée
n. aurons été aimé(e)s	n. aurions été aimé(e)s	n. ayons été aimé(e)s	n. eussions été aimé(e)s
v. aurez été aimé(e)(s)	v. auriez été aimé(e)(s)	v. ayez été aimé(e)(s)	v. eussiez été aimé(e)(s)
ils auront été aimés	ils auraient été aimés	ils aient été aimés	ils eussent été aimés
elles auront été aimées	elles auraient été aimées	elles aient été aimées	elles eussent été aimées
単純未来	現在	現在	半過去
je me lèverai	je me lèverais	je me lève	je me levasse
tu te lèveras	tu te lèverais	tu te lèves	tu te levasses
il se lèvera	il se lèverait	il se lève	il se levât
n. n. lèverons	n. n. lèverions	n. n. levions	n. n. levassions
v. v. lèverez	v. v. lèveriez	v. v. leviez	v. v. levassiez
ils se lèveront	ils se lèveraient	ils se lèvent	ils se levassent
前未来	過去	過去	大過去
je me serai levé(e)	je me serais levé(e)	je me sois levé(e)	je me fusse levé(e)
tu te seras levé(e)	tu te serais levé(e)	tu te sois levé(e)	tu te fusses levé(e)
il se sera levé	il se serait levé	il se soit levé	il se fût levé
elle se sera levée	elle se serait levée	elle se soit levée	elle se fût levée
n. n. serons levé(e)s	n. n. serions levé(e)s	n. n. soyons levé(e)s	n. n. fussions levé(e)s
v. v. serez levé(e)(s)	v. v. seriez levé(e)(s)	v. v. soyez levé(e)(s)	v. v. fussiez levé(e)(s)
ils se seront levés	ils se seraient levés	ils se soient levés	ils se fussent levés
elles se seront levées	elles se seraient levées	elles se soient levées	elles se fussent levées

不定形 分詞形	直説法			
	現在	半過去	単純過去	単純未来
1. avoir もつ ayant eu [y]	j' ai tu as il a n. avons v. avez ils ont	j' avais tu avais il avait n. avions v. aviez ils avaient	j' eus [y] tu eus il eut n. eûmes v. eûtes ils eurent	j' aurai tu auras il aura n. aurons v. aurez ils auront
2. être 在る étant été	je suis tu es il est n. sommes v. êtes ils sont	j' étais tu étais il était n. étions v. étiez ils étaient	je fus tu fus il fut n. fûmes v. fûtes ils furent	je serai tu seras il sera n. serons v. serez ils seront
3. parler 話す parlant parlé	je parle tu parles il parle n. parlons v. parlez ils parlent	je parlais tu parlais il parlait n. parlions v. parliez ils parlaient	je parlai tu parlas il parla n. parlâmes v. parlâtes ils parlèrent	je parlerai tu parleras il parlera n. parlerons v. parlerez ils parleront
4. placer 置く plaçant placé	je place tu places il place n. plaçons v. placez ils placent	je plaçais tu plaçais il plaçait n. placions v. placiez ils plaçaient	je plaçai tu plaças il plaça n. plaçâmes v. plaçâtes ils placèrent	je placerai tu placeras il placera n. placerons v. placerez ils placeront
5. manger 食べる mangeant mangé	je mange tu manges il mange n. mangeons v. mangez ils mangent	je mangeais tu mangeais il mangeait n. mangions v. mangiez ils mangeaient	je mangeai tu mangeas il mangea n. mangeâmes v. mangeâtes ils mangèrent	je mangerai tu mangeras il mangera n. mangerons v. mangerez ils mangeront
6. acheter 買う achetant acheté	j' achète tu achètes il achète n. achetons v. achetez ils achètent	j' achetais tu achetais il achetait n. achetions v. achetiez ils achetaient	j' achetai tu achetas il acheta n. achetâmes v. achetâtes ils achetèrent	j' achèterai tu achèteras il achètera n. achèterons v. achèterez ils achèteront
7. appeler 呼ぶ appelant appelé	j' appelle tu appelles il appelle n. appelons v. appelez ils appellent	j' appelais tu appelais il appelait n. appelions v. appeliez ils appelaient	j' appelai tu appelas il appela n. appelâmes v. appelâtes ils appelèrent	j' appellerai tu appelleras il appellera n. appellerons v. appellerez ils appelleront
8. préférer より好む préférant préféré	je préfère tu préfères il préfère n. préférons v. préférez ils préfèrent	je préférais tu préférais il préférait n. préférions v. préfériez ils préféraient	je préférai tu préféras il préféra n. préférâmes v. préférâtes ils préférèrent	je préférerai tu préféreras il préférera n. préférerons v. préférerez ils préféreront

条件法	接続法		命令法	同型活用の動詞（注意）
現在	現在	半過去	現在	
j' aurais tu aurais il aurait n. aurions v. auriez ils auraient	j' aie tu aies il ait n. ayons v. ayez ils aient	j' eusse tu eusses il eût n. eussions v. eussiez ils eussent	aie ayons ayez	
je serais tu serais il serait n. serions v. seriez ils seraient	je sois tu sois il soit n. soyons v. soyez ils soient	je fusse tu fusses il fût n. fussions v. fussiez ils fussent	sois soyons soyez	
je parlerais tu parlerais il parlerait n. parlerions v. parleriez ils parleraient	je parle tu parles il parle n. parlions v. parliez ils parlent	je parlasse tu parlasses il parlât n. parlassions v. parlassiez ils parlassent	parle parlons parlez	第 1 群規則動詞 （4 型～ 10 型をのぞく）
je placerais tu placerais il placerait n. placerions v. placeriez ils placeraient	je place tu places il place n. placions v. placiez ils placent	je plaçasse tu plaçasses il plaçât n. plaçassions v. plaçassiez ils plaçassent	place plaçons placez	—cer の動詞 annoncer, avancer, commencer, effacer, renoncer など. （a, o の前で c → ç）
je mangerais tu mangerais il mangerait n. mangerions v. mangeriez ils mangeraient	je mange tu manges il mange n. mangions v. mangiez ils mangent	je mangeasse tu mangeasses il mangeât n. mangeassions v. mangeassiez ils mangeassent	mange mangeons mangez	—ger の動詞 arranger, changer, charger, engager, nager, obliger など. （a, o の前で g → ge）
j' achèterais tu achèterais il achèterait n. achèterions v. achèteriez ils achèteraient	j' achète tu achètes il achète n. achetions v. achetiez ils achètent	j' achetasse tu achetasses il achetât n. achetassions v. achetassiez ils achetassent	achète achetons achetez	—e＋子音＋er の動詞 achever, lever, mener など. （7 型をのぞく. e muet を含む音節の前で e → è）
j' appellerais tu appellerais il appellerait n. appellerions v. appelleriez ils appelleraient	j' appelle tu appelles il appelle n. appelions v. appeliez ils appellent	j' appelasse tu appelasses il appelât n. appelassions v. appelassiez ils appelassent	appelle appelons appelez	—eter, —eler の動詞 jeter, rappeler など. （6 型のものもある. e muet の前で t, l を重ねる）
je préférerais tu préférerais il préférerait n. préférerions v. préféreriez ils préféreraient	je préfère tu préfères il préfère n. préférions v. préfériez ils préfèrent	je préférasse tu préférasses il préférât n. préférassions v. préférassiez ils préférassent	préfère préférons préférez	—é＋子音＋er の動詞 céder, espérer, opérer, répéter など. （e muet を含む語末音節の前で é → è）

不 定 形 分 詞 形	直 説 法			
	現 在	半 過 去	単 純 過 去	単 純 未 来
9. employer 使う employant employé	j' emploie tu emploies il emploie n. employons v. employez ils emploient	j' employais tu employais il employait n. employions v. employiez ils employaient	j' employai tu employas il employa n. employâmes v. employâtes ils employèrent	j' emploierai tu emploieras il emploiera n. emploierons v. emploierez ils emploieront
10. envoyer 送る envoyant envoyé	j' envoie tu envoies il envoie n. envoyons v. envoyez ils envoient	j' envoyais tu envoyais il envoyait n. envoyions v. envoyiez ils envoyaient	j' envoyai tu envoyas il envoya n. envoyâmes v. envoyâtes ils envoyèrent	j' enverrai tu enverras il enverra n. enverrons v. enverrez ils enverront
11. aller 行く allant allé	je vais tu vas il va n. allons v. allez ils vont	j' allais tu allais il allait n. allions v. alliez ils allaient	j' allai tu allas il alla n. allâmes v. allâtes ils allèrent	j' irai tu iras il ira n. irons v. irez ils iront
12. finir 終える finissant fini	je finis tu finis il finit n. finissons v. finissez ils finissent	je finissais tu finissais il finissait n. finissions v. finissiez ils finissaient	je finis tu finis il finit n. finîmes v. finîtes ils finirent	je finirai tu finiras il finira n. finirons v. finirez ils finiront
13. partir 出発する partant parti	je pars tu pars il part n. partons v. partez ils partent	je partais tu partais il partait n. partions v. partiez ils partaient	je partis tu partis il partit n. partîmes v. partîtes ils partirent	je partirai tu partiras il partira n. partirons v. partirez ils partiront
14. courir 走る courant couru	je cours tu cours il court n. courons v. courez ils courent	je courais tu courais il courait n. courions v. couriez ils couraient	je courus tu courus il courut n. courûmes v. courûtes ils coururent	je courrai tu courras il courra n. courrons v. courrez ils courront
15. fuir 逃げる fuyant fui	je fuis tu fuis il fuit n. fuyons v. fuyez ils fuient	je fuyais tu fuyais il fuyait n. fuyions v. fuyiez ils fuyaient	je fuis tu fuis il fuit n. fuîmes v. fuîtes ils fuirent	je fuirai tu fuiras il fuira n. fuirons v. fuirez ils fuiront
16. mourir 死ぬ mourant mort	je meurs tu meurs il meurt n. mourons v. mourez ils meurent	je mourais tu mourais il mourait n. mourions v. mouriez ils mouraient	je mourus tu mourus il mourut n. mourûmes v. mourûtes ils moururent	je mourrai tu mourras il mourra n. mourrons v. mourrez ils mourront

条件法	接続法		命令法	同型活用の動詞 (注意)
現在	現在	半過去	現在	
j' emploierais tu emploierais il emploierait n. emploierions v. emploieriez ils emploieraient	j' emploie tu emploies il emploie n. employions v. employiez ils emploient	j' employasse tu employasses il employât n. employassions v. employassiez ils employassent	 emploie employons employez	—oyer, —uyer, —ayer の動詞 (e muet の前で y → i. —ayer は 3 型でもよい. また envoyer → 10)
j' enverrais tu enverrais il enverrait n. enverrions v. enverriez ils enverraient	j' envoie tu envoies il envoie n. envoyions v. envoyiez ils envoient	j' envoyasse tu envoyasses il envoyât n. envoyassions v. envoyassiez ils envoyassent	 envoie envoyons envoyez	renvoyer (未来, 条・現のみ 9 型とことなる)
j' irais tu irais il irait n. irions v. iriez ils iraient	j' aille tu ailles il aille n. allions v. alliez ils aillent	j' allasse tu allasses il allât n. allassions v. allassiez ils allassent	 va allons allez	
je finirais tu finirais il finirait n. finirions v. finiriez ils finiraient	je finisse tu finisses il finisse n. finissions v. finissiez ils finissent	je finisse tu finisses il finît n. finissions v. finissiez ils finissent	 finis finissons finissez	第 2 群規則動詞
je partirais tu partirais il partirait n. partirions v. partiriez ils partiraient	je parte tu partes il parte n. partions v. partiez ils partent	je partisse tu partisses il partît n. partissions v. partissiez ils partissent	 pars partons partez	dormir, endormir, se repentir, sentir, servir, sortir
je courrais tu courrais il courrait n. courrions v. courriez ils courraient	je coure tu coures il coure n. courions v. couriez ils courent	je courusse tu courusses il courût n. courussions v. courussiez ils courussent	 cours courons courez	accourir, parcourir, secourir
je fuirais tu fuirais il fuirait n. fuirions v. fuiriez ils fuiraient	je fuie tu fuies il fuie n. fuyions v. fuyiez ils fuient	je fuisse tu fuisses il fuît n. fuissions v. fuissiez ils fuissent	 fuis fuyons fuyez	s'enfuir
je mourrais tu mourrais il mourrait n. mourrions v. mourriez ils mourraient	je meure tu meures il meure n. mourions v. mouriez ils meurent	je mourusse tu mourusses il mourût n. mourussions v. mourussiez ils mourussent	 meurs mourons mourez	

不定形 分詞形	直説法			
	現在	半過去	単純過去	単純未来
17. venir 来る venant venu	je viens tu viens il vient n. venons v. venez ils viennent	je venais tu venais il venait n. venions v. veniez ils venaient	je vins tu vins il vint n. vînmes v. vîntes ils vinrent	je viendrai tu viendras il viendra n. viendrons v. viendrez ils viendront
18. ouvrir あける ouvrant ouvert	j' ouvre tu ouvres il ouvre n. ouvrons v. ouvrez ils ouvrent	j' ouvrais tu ouvrais il ouvrait n. ouvrions v. ouvriez ils ouvraient	j' ouvris tu ouvris il ouvrit n. ouvrîmes v. ouvrîtes ils ouvrirent	j' ouvrirai tu ouvriras il ouvrira n. ouvrirons v. ouvrirez ils ouvriront
19. rendre 返す rendant rendu	je rends tu rends il rend n. rendons v. rendez ils rendent	je rendais tu rendais il rendait n. rendions v. rendiez ils rendaient	je rendis tu rendis il rendit n. rendîmes v. rendîtes ils rendirent	je rendrai tu rendras il rendra n. rendrons v. rendrez ils rendront
20. mettre 置く mettant mis	je mets tu mets il met n. mettons v. mettez ils mettent	je mettais tu mettais il mettait n. mettions v. mettiez ils mettaient	je mis tu mis il mit n. mîmes v. mîtes ils mirent	je mettrai tu mettras il mettra n. mettrons v. mettrez ils mettront
21. battre 打つ battant battu	je bats tu bats il bat n. battons v. battez ils battent	je battais tu battais il battait n. battions v. battiez ils battaient	je battis tu battis il battit n. battîmes v. battîtes ils battirent	je battrai tu battras il battra n. battrons v. battrez ils battront
22. suivre ついて行く suivant suivi	je suis tu suis il suit n. suivons v. suivez ils suivent	je suivais tu suivais il suivait n. suivions v. suiviez ils suivaient	je suivis tu suivis il suivit n. suivîmes v. suivîtes ils suivirent	je suivrai tu suivras il suivra n. suivrons v. suivrez ils suivront
23. vivre 生きる vivant vécu	je vis tu vis il vit n. vivons v. vivez ils vivent	je vivais tu vivais il vivait n. vivions v. viviez ils vivaient	je vécus tu vécus il vécut n. vécûmes v. vécûtes ils vécurent	je vivrai tu vivras il vivra n. vivrons v. vivrez ils vivront
24. écrire 書く écrivant écrit	j' écris tu écris il écrit n. écrivons v. écrivez ils écrivent	j' écrivais tu écrivais il écrivait n. écrivions v. écriviez ils écrivaient	j' écrivis tu écrivis il écrivit n. écrivîmes v. écrivîtes ils écrivirent	j' écrirai tu écriras il écrira n. écrirons v. écrirez ils écriront

条件法	接続法		命令法	同型活用の動詞 （注意）
現在	現在	半過去	現在	
je viendrais tu viendrais il viendrait n. viendrions v. viendriez ils viendraient	je vienne tu viennes il vienne n. venions v. veniez ils viennent	je vinsse tu vinsses il vînt n. vinssions v. vinssiez ils vinssent	 viens venons venez	convenir, devenir, provenir, revenir, se souvenir ; tenir, appartenir, maintenir, obtenir, retenir, soutenir
j' ouvrirais tu ouvrirais il ouvrirait n. ouvririons v. ouvririez ils ouvriraient	j' ouvre tu ouvres il ouvre n. ouvrions v. ouvriez ils ouvrent	j' ouvrisse tu ouvrisses il ouvrît n. ouvrissions v. ouvrissiez ils ouvrissent	 ouvre ouvrons ouvrez	couvrir, découvrir, offrir, souffrir
je rendrais tu rendrais il rendrait n. rendrions v. rendriez ils rendraient	je rende tu rendes il rende n. rendions v. rendiez ils rendent	je rendisse tu rendisses il rendît n. rendissions v. rendissiez ils rendissent	 rends rendons rendez	attendre, défendre, descendre entendre, perdre, prétendre, répondre, tendre, vendre
je mettrais tu mettrais il mettrait n. mettrions v. mettriez ils mettraient	je mette tu mettes il mette n. mettions v. mettiez ils mettent	je misse tu misses il mît n. missions v. missiez ils missent	 mets mettons mettez	admettre, commettre, permettre, promettre, remettre, soumettre
je battrais tu battrais il battrait n. battrions v. battriez ils battraient	je batte tu battes il batte n. battions v. battiez ils battent	je battisse tu battisses il battît n. battissions v. battissiez ils battissent	 bats battons battez	abattre, combattre
je suivrais tu suivrais il suivrait n. suivrions v. suivriez ils suivraient	je suive tu suives il suive n. suivions v. suiviez ils suivent	je suivisse tu suivisses il suivît n. suivissions v. suivissiez ils suivissent	 suis suivons suivez	poursuivre
je vivrais tu vivrais il vivrait n. vivrions v. vivriez ils vivraient	je vive tu vives il vive n. vivions v. viviez ils vivent	je vécusse tu vécusses il vécût n. vécussions v. vécussiez ils vécussent	 vis vivons vivez	
j' écrirais tu écrirais il écrirait n. écririons v. écririez ils écriraient	j' écrive tu écrives il écrive n. écrivions v. écriviez ils écrivent	j' écrivisse tu écrivisses il écrivît n. écrivissions v. écrivissiez ils écrivissent	 écris écrivons écrivez	décrire, inscrire

不定形 分詞形	直説法			
	現在	半過去	単純過去	単純未来
25. connaître 知っている connaissant connu	je connais tu connais il connaît n. connaissons v. connaissez ils connaissent	je connaissais tu connaissais il connaissait n. connaissions v. connaissiez ils connaissaient	je connus tu connus il connut n. connûmes v. connûtes ils connurent	je connaîtrai tu connaîtras il connaîtra n. connaîtrons v. connaîtrez ils connaîtront
26. naître 生まれる naissant né	je nais tu nais il naît n. naissons v. naissez ils naissent	je naissais tu naissais il naissait n. naissions v. naissiez ils naissaient	je naquis tu naquis il naquit n. naquîmes v. naquîtes ils naquirent	je naîtrai tu naîtras il naîtra n. naîtrons v. naîtrez ils naîtront
27. conduire みちびく conduisant conduit	je conduis tu conduis il conduit n. conduisons v. conduisez ils conduisent	je conduisais tu conduisais il conduisait n. conduisions v. conduisiez ils conduisaient	je conduisis tu conduisis il conduisit n. conduisîmes v. conduisîtes ils conduisirent	je conduirai tu conduiras il conduira n. conduirons v. conduirez ils conduiront
28. suffire 足りる suffisant suffi	je suffis tu suffis il suffit n. suffisons v. suffisez ils suffisent	je suffisais tu suffisais il suffisait n. suffisions v. suffisiez ils suffisaient	je suffis tu suffis il suffit n. suffîmes v. suffîtes ils suffirent	je suffirai tu suffiras il suffira n. suffirons v. suffirez ils suffiront
29. lire 読む lisant lu	je lis tu lis il lit n. lisons v. lisez ils lisent	je lisais tu lisais il lisait n. lisions v. lisiez ils lisaient	je lus tu lus il lut n. lûmes v. lûtes ils lurent	je lirai tu liras il lira n. lirons v. lirez ils liront
30. plaire 気に入る plaisant plu	je plais tu plais il plaît n. plaisons v. plaisez ils plaisent	je plaisais tu plaisais il plaisait n. plaisions v. plaisiez ils plaisaient	je plus tu plus il plut n. plûmes v. plûtes ils plurent	je plairai tu plairas il plaira n. plairons v. plairez ils plairont
31. dire 言う disant dit	je dis tu dis il dit n. disons v. dites ils disent	je disais tu disais il disait n. disions v. disiez ils disaient	je dis tu dis il dit n. dîmes v. dîtes ils dirent	je dirai tu diras il dira n. dirons v. direz ils diront
32. faire する faisant [fzɑ̃] fait	je fais tu fais il fait n. faisons [fzɔ̃] v. faites ils font	je faisais [fzɛ] tu faisais il faisait n. faisions v. faisiez ils faisaient	je fis tu fis il fit n. fîmes v. fîtes ils firent	je ferai tu feras il fera n. ferons v. ferez ils feront

条件法	接続法		命令法	同型活用の動詞（注意）
現在	現在	半過去	現在	
je connaîtrais	je connaisse	je connusse		reconnaître ;
tu connaîtrais	tu connaisses	tu connusses	connais	paraître, apparaître,
il connaîtrait	il connaisse	il connût		disparaître
n. connaîtrions	n. connaissions	n. connussions	connaissons	（t の前で i → î）
v. connaîtriez	v. connaissiez	v. connussiez	connaissez	
ils connaîtraient	ils connaissent	ils connussent		
je naîtrais	je naisse	je naquisse		renaître
tu naîtrais	tu naisses	tu naquisses	nais	（t の前で i → î）
il naîtrait	il naisse	il naquît		
n. naîtrions	n. naissions	n. naquissions	naissons	
v. naîtriez	v. naissiez	v. naquissiez	naissez	
ils naîtraient	ils naissent	ils naquissent		
je conduirais	je conduise	je conduisisse		introduire, produire,
tu conduirais	tu conduises	tu conduisisses	conduis	traduire ;
il conduirait	il conduise	il conduisît		construire, détruire
n. conduirions	n. conduisions	n. conduisissions	conduisons	
v. conduiriez	v. conduisiez	v. conduisissiez	conduisez	
ils conduiraient	ils conduisent	ils conduisissent		
je suffirais	je suffise	je suffisse		
tu suffirais	tu suffises	tu suffisses	suffis	
il suffirait	il suffise	il suffît		
n. suffirions	n. suffisions	n. suffissions	suffisons	
v. suffiriez	v. suffisiez	v. suffissiez	suffisez	
ils suffiraient	ils suffisent	ils suffissent		
je lirais	je lise	je lusse		élire, relire
tu lirais	tu lises	tu lusses	lis	
il lirait	il lise	il lût		
n. lirions	n. lisions	n. lussions	lisons	
v. liriez	v. lisiez	v. lussiez	lisez	
ils liraient	ils lisent	ils lussent		
je plairais	je plaise	je plusse		déplaire, taire
tu plairais	tu plaises	tu plusses	plais	（ただし taire の直・現・
il plairait	il plaise	il plût		3 人称単数 il tait）
n. plairions	n. plaisions	n. plussions	plaisons	
v. plairiez	v. plaisiez	v. plussiez	plaisez	
ils plairaient	ils plaisent	ils plussent		
je dirais	je dise	je disse		redire
tu dirais	tu dises	tu disses	dis	
il dirait	il dise	il dît		
n. dirions	n. disions	n. dissions	disons	
v. diriez	v. disiez	v. dissiez	dites	
ils diraient	ils disent	ils dissent		
je ferais	je fasse	je fisse		défaire, refaire,
tu ferais	tu fasses	tu fisses	fais	satisfaire
il ferait	il fasse	il fît		
n. ferions	n. fassions	n. fissions	faisons	
v. feriez	v. fassiez	v. fissiez	faites	
ils feraient	ils fassent	ils fissent		

不定形 分詞形	直説法			
	現在	半過去	単純過去	単純未来
33. rire	je ris	je riais	je ris	je rirai
笑う	tu ris	tu riais	tu ris	tu riras
	il rit	il riait	il rit	il rira
riant	n. rions	n. riions	n. rîmes	n. rirons
ri	v. riez	v. riiez	v. rîtes	v. rirez
	ils rient	ils riaient	ils rirent	ils riront
34. croire	je crois	je croyais	je crus	je croirai
信じる	tu crois	tu croyais	tu crus	tu croiras
	il croit	il croyait	il crut	il croira
croyant	n. croyons	n. croyions	n. crûmes	n. croirons
cru	v. croyez	v. croyiez	v. crûtes	v. croirez
	ils croient	ils croyaient	ils crurent	ils croiront
35. craindre	je crains	je craignais	je craignis	je craindrai
おそれる	tu crains	tu craignais	tu craignis	tu craindras
	il craint	il craignait	il craignit	il craindra
craignant	n. craignons	n. craignions	n. craignîmes	n. craindrons
craint	v. craignez	v. craigniez	v. craignîtes	v. craindrez
	ils craignent	ils craignaient	ils craignirent	ils craindront
36. prendre	je prends	je prenais	je pris	je prendrai
とる	tu prends	tu prenais	tu pris	tu prendras
	il prend	il prenait	il prit	il prendra
prenant	n. prenons	n. prenions	n. prîmes	n. prendrons
pris	v. prenez	v. preniez	v. prîtes	v. prendrez
	ils prennent	ils prenaient	ils prirent	ils prendront
37. boire	je bois	je buvais	je bus	je boirai
飲む	tu bois	tu buvais	tu bus	tu boiras
	il boit	il buvait	il but	il boira
buvant	n. buvons	n. buvions	n. bûmes	n. boirons
bu	v. buvez	v. buviez	v. bûtes	v. boirez
	ils boivent	ils buvaient	ils burent	ils boiront
38. voir	je vois	je voyais	je vis	je verrai
見る	tu vois	tu voyais	tu vis	tu verras
	il voit	il voyait	il vit	il verra
voyant	n. voyons	n. voyions	n. vîmes	n. verrons
vu	v. voyez	v. voyiez	v. vîtes	v. verrez
	ils voient	ils voyaient	ils virent	ils verront
	j' assieds	j' asseyais		j' assiérai
39. asseoir	tu assieds	tu asseyais		tu assiéras
座らせる	il assied	il asseyait		il assiéra
	n. asseyons	n. asseyions	j' assis	n. assiérons
asseyant	v. asseyez	v. asseyiez	tu assis	v. assiérez
assoyant	ils asseyent	ils asseyaient	il assit	ils assiéront
assis	j' assois	j' assoyais	n. assîmes	j' assoirai
	tu assois	tu assoyais	v. assîtes	tu assoiras
	il assoit	il assoyait	ils assirent	il assoira
	n. assoyons	n. assoyions		n. assoirons
	v. assoyez	v. assoyiez		v. assoirez
	ils assoient	ils assoyaient		ils assoiront

条件法	接続法		命令法	同型活用の動詞（注意）
現在	現在	半過去	現在	
je rirais	je rie	je risse		sourire
tu rirais	tu ries	tu risses	ris	
il rirait	il rie	il rît		
n. ririons	n. riions	n. rissions	rions	
v. ririez	v. riiez	v. rissiez	riez	
ils riraient	ils rient	ils rissent		
je croirais	je croie	je crusse		
tu croirais	tu croies	tu crusses	crois	
il croirait	il croie	il crût		
n. croirions	n. croyions	n. crussions	croyons	
v. croiriez	v. croyiez	v. crussiez	croyez	
ils croiraient	ils croient	ils crussent		
je craindrais	je craigne	je craignisse		plaindre ;
tu craindrais	tu craignes	tu craignisses	crains	atteindre, éteindre,
il craindrait	il craigne	il craignît		peindre;
n. craindrions	n. craignions	n. craignissions	craignons	joindre, rejoindre
v. craindriez	v. craigniez	v. craignissiez	craignez	
ils craindraient	ils craignent	ils craignissent		
je prendrais	je prenne	je prisse		apprendre,
tu prendrais	tu prennes	tu prisses	prends	comprendre,
il prendrait	il prenne	il prît		surprendre
n. prendrions	n. prenions	n. prissions	prenons	
v. prendriez	v. preniez	v. prissiez	prenez	
ils prendraient	ils prennent	ils prissent		
je boirais	je boive	je busse		
tu boirais	tu boives	tu busses	bois	
il boirait	il boive	il bût		
n. boirions	n. buvions	n. bussions	buvons	
v. boiriez	v. buviez	v. bussiez	buvez	
ils boiraient	ils boivent	ils bussent		
je verrais	je voie	je visse		revoir
tu verrais	tu voies	tu visses	vois	
il verrait	il voie	il vît		
n. verrions	n. voyions	n. vissions	voyons	
v. verriez	v. voyiez	v. vissiez	voyez	
ils verraient	ils voient	ils vissent		
j' assiérais	j' asseye			（代名動詞 s'asseoir として用いられることが多い．下段は俗語調）
tu assiérais	tu asseyes		assieds	
il assiérait	il asseye			
n. assiérions	n. asseyions	j' assisse	asseyons	
v. assiériez	v. asseyiez	tu assisses	asseyez	
ils assiéraient	ils asseyent	il assît		
j' assoirais	j' assoie	n. assissions		
tu assoirais	tu assoies	v. assissiez	assois	
il assoirait	il assoie	ils assissent		
n. assoirions	n. assoyions		assoyons	
v. assoiriez	v. assoyiez		assoyez	
ils assoiraient	ils assoient			

不定形 分詞形	直説法			
	現在	半過去	単純過去	単純未来
40. recevoir 受取る recevant reçu	je reçois tu reçois il reçoit n. recevons v. recevez ils reçoivent	je recevais tu recevais il recevait n. recevions v. receviez ils recevaient	je reçus tu reçus il reçut n. reçûmes v. reçûtes ils reçurent	je recevrai tu recevras il recevra n. recevrons v. recevrez ils recevront
41. devoir ねばならぬ devant dû, due dus, dues	je dois tu dois il doit n. devons v. devez ils doivent	je devais tu devais il devait n. devions v. deviez ils devaient	je dus tu dus il dut n. dûmes v. dûtes ils durent	je devrai tu devras il devra n. devrons v. devrez ils devront
42. pouvoir できる pouvant pu	je peux (puis) tu peux il peut n. pouvons v. pouvez ils peuvent	je pouvais tu pouvais il pouvait n. pouvions v. pouviez ils pouvaient	je pus tu pus il put n. pûmes v. pûtes ils purent	je pourrai tu pourras il pourra n. pourrons v. pourrez ils pourront
43. vouloir のぞむ voulant voulu	je veux tu veux il veut n. voulons v. voulez ils veulent	je voulais tu voulais il voulait n. voulions v. vouliez ils voulaient	je voulus tu voulus il voulut n. voulûmes v. voulûtes ils voulurent	je voudrai tu voudras il voudra n. voudrons v. voudrez ils voudront
44. savoir 知っている sachant su	je sais tu sais il sait n. savons v. savez ils savent	je savais tu savais il savait n. savions v. saviez ils savaient	je sus tu sus il sut n. sûmes v. sûtes ils surent	je saurai tu sauras il saura n. saurons v. saurez ils sauront
45. valoir 価値がある valant valu	je vaux tu vaux il vaut n. valons v. valez ils valent	je valais tu valais il valait n. valions v. valiez ils valaient	je valus tu valus il valut n. valûmes v. valûtes ils valurent	je vaudrai tu vaudras il vaudra n. vaudrons v. vaudrez ils vaudront
46. falloir 必要である — fallu	il faut	il fallait	il fallut	il faudra
47. pleuvoir 雨が降る pleuvant plu	il pleut	il pleuvait	il plut	il pleuvra

条件法	接続法		命令法	同型活用の動詞 (注意)
現在	現在	半過去	現在	
je recevrais tu recevrais il recevrait n. recevrions v. recevriez ils recevraient	je reçoive tu reçoives il reçoive n. recevions v. receviez ils reçoivent	je reçusse tu reçusses il reçût n. reçussions v. reçussiez ils reçussent	reçois recevons recevez	apercevoir, concevoir
je devrais tu devrais il devrait n. devrions v. devriez ils devraient	je doive tu doives il doive n. devions v. deviez ils doivent	je dusse tu dusses il dût n. dussions v. dussiez ils dussent		(過去分詞は du=de+le と区別するために男性単数のみ dû と綴る)
je pourrais tu pourrais il pourrait n. pourrions v. pourriez ils pourraient	je puisse tu puisses il puisse n. puissions v. puissiez ils puissent	je pusse tu pusses il pût n. pussions v. pussiez ils pussent		
je voudrais tu voudrais il voudrait n. voudrions v. voudriez ils voudraient	je veuille tu veuilles il veuille n. voulions v. vouliez ils veuillent	je voulusse tu voulusses il voulût n. voulussions v. voulussiez ils voulussent	veuille veuillons veuillez	
je saurais tu saurais il saurait n. saurions v. sauriez ils sauraient	je sache tu saches il sache n. sachions v. sachiez ils sachent	je susse tu susses il sût n. sussions v. sussiez ils sussent	sache sachons sachez	
je vaudrais tu vaudrais il vaudrait n. vaudrions v. vaudriez ils vaudraient	je vaille tu vailles il vaille n. valions v. valiez ils vaillent	je valusse tu valusses il valût n. valussions v. valussiez ils valussent		
il faudrait	il faille	il fallût		
il pleuvrait	il pleuve	il plût		

トラントラン
初級フランス語・かんたんなことをコツコツやろう

検印省略

© 2019年1月15日 初 版 発行

著 者 白 石 嘉 治
西 川 葉 澄
谷 口 清 彦

発行者 原 雅 久
発行所 株式会社 朝 日 出 版 社
〒101-0065 東京都千代田区西神田3-3-5
電話 (03)3239-0271/72
振替口座 東京 00140-2-46008
http://www.asahipress.com/
欧友社

乱丁・落丁本はお取り替えいたします
ISBN978-4-255-35293-0 C1085

ANGLETERRE
MANCHE
Lille
NORD
PICARDIE
Cherbourg
Honfleur
Rouen
NORMANDIE
Paris
BRETAGNE
St-Malo
Le Mont St-Michel
Versailles
Chartres
ÎLE DE
FRANC
Rennes
Carnac
(Château de Chambord)
PAYS DE
LA LOIRE
Orléans
la Loire
Tours
CENTRE
VAL DE LOIRE
Nantes
OCÉAN ATLANTIQUE
(Futuroscope)
Poitiers
POITOU
LIMOUSIN
Clermo
Ferranc
Bordeaux
(Grotte de
Lascaux)
AUVERGN
la Garonne
AQUITAINE
LANGUEDOC
Toulouse
Montpe
Lourdes
PYRÉNÉES
ESPAGNE

FRANCE
BELGIQUE
ALLEMAGNE
LUXEMBOURG
Reims
HAMPAGNE
LORRAINE
Strasbourg
CARTE DE FRANCE
ALSACE
la Seine
URGOGNE
FRANCHE COMTÉ
Dijon
Besançon
SUISSE
RHÔNE ALPES
Lyon
Grenoble
ITALIE
le Rhône
Avignon
PROVENCE
nt du Gard)
Arles
CÔTE D'AZUR
MONACO
Aix-en-Provence
Nice
Cannes
Marseille
MER MÉDITERRANÉE